秦汉——民族的发轫与源起

◎◎ 主编 金开诚

◎◎ 编著 于元

吉林文史出版社

吉林出版集团有限责任公司

图书在版编目（CIP）数据

秦汉：民族的发轫与源起 / 金开诚著 . 一长春：
吉林文史出版社，2011.10（2022.1重印）
（中国文化知识读本）
ISBN 978-7-5472-0890-8

Ⅰ . ①秦… Ⅱ . ①金… Ⅲ . ①中国历史－秦汉时代
Ⅳ . ① K232

中国版本图书馆 CIP 数据核字（2011）第 209642 号

秦汉 ： 民族的发轫与源起

QINHAN MINZU DE FAREN YU YUANQI

主编/ 金开诚 　编著/于 　元
项目负责/崔博华 责任编辑/崔博华 王文亮
责任校对/王文亮 装帧设计/柳甬泽 张宣婷
出版发行/吉林文史出版社 吉林出版集团有限责任公司
地址/长春市人民大街4646号 邮编/130021
电话/0431-86037503 传真/0431-86037589
印刷 / 三河市金兆印刷装订有限公司
版次/2011 年 10 月第 1 版 2022 年 1 月第 3 次印刷
开本/650mm×960mm 1/16
印张/9 字数/30千
书号/ISBN 978-7-5472-0890-8
定价/34.80元

编委会

前　言

　　文化是一种社会现象，是人类物质文明和精神文明有机融合的产物；同时又是一种历史现象，是社会的历史沉积。当今世界，随着经济全球化进程的加快，人们也越来越重视本民族的文化。我们只有加强对本民族文化的继承和创新，才能更好地弘扬民族精神，增强民族凝聚力。历史经验告诉我们，任何一个民族要想屹立于世界民族之林，必须具有自尊、自信、自强的民族意识。文化是维系一个民族生存和发展的强大动力。一个民族的存在依赖文化，文化的解体就是一个民族的消亡。

　　随着我国综合国力的日益强大，广大民众对重塑民族自尊心和自豪感的愿望日益迫切。作为民族大家庭中的一员，将源远流长、博大精深的中国文化继承并传播给广大群众，特别是青年一代，是我们出版人义不容辞的责任。

　　本套丛书是由吉林文史出版社组织国内知名专家学者编写的一套旨在传播中华五千年优秀传统文化，提高全民文化修养的大型知识读本。该书在深入挖掘和整理中华优秀传统文化成果的同时，结合社会发展，注入了时代精神。书中优美生动的文字、简明通俗的语言、图文并茂的形式，把中国文化中的物态文化、制度文化、行为文化、精神文化等知识要点全面展示给读者。点点滴滴的文化知识仿佛颗颗繁星，组成了灿烂辉煌的中国文化的天穹。

　　希望本书能为弘扬中华五千年优秀传统文化、增强各民族团结、构建社会主义和谐社会尽一份绵薄之力，也坚信我们的中华民族一定能够早日实现伟大复兴！

目录

一、从秦人崛起到统一中国

秦人崛起

中华大地地广人多，先秦时期形成了上百个使用汉语的小国。这些小国各自为政，风俗迥异，发展也不均衡，有的十分落后。

秦始皇发愤图强，挥军四出，统一了所有使用汉语的国家，并扩张到非汉语国家所在的岭南和福建，为汉族的正式形成和发展奠定了基础。

秦人姓嬴，原属东方夷族部落，生活于今山东、河北一带，善于养马。

殷商时期，一部分秦人西迁，为商王守卫西北边陲，西周时期又为周王守卫西北边陲，活动于渭水和西汉水流域，即今甘肃天水、礼县一带，处于诸戎包围之中，地位低下，等同奴隶。秦人经常受到西北游牧民族的攻杀，处境险恶。

秦人传到非子时期，正值周孝王在位。这时，周王室不断受到诸戎侵袭，急需战马加强国防。非子继承了嬴人善于养马的传统，因而被周王委以养马重任。

天水石门东侧20里处是一条峡谷，这里树木茂密，野草丛杂，是理想的天然牧场。非子选中了这块地方为周王牧养战马，获得了极大的成功，驯养出好多良马。

非子精明强干，又善于抓住机遇。他为周王室驯养大批良马，使周王室的国防

力量大大加强。为了表彰非子的功绩，周孝王在西陲之外划出一块方圆50里叫作"秦"的地方作为非子的封地。

从此，嬴族一分为二：一部以成（非子的长兄）为首，在故地西犬丘（礼县大堡子山），是正宗；一部以非子为首，在秦（今天水张家川），是周王室附庸。从此，非子所部便称"嬴秦"了。

周厉王在位时，因他过于残暴，引发国人暴动。西戎乘机举兵内侵，占领了西犬丘，灭了成的后代及其族人。

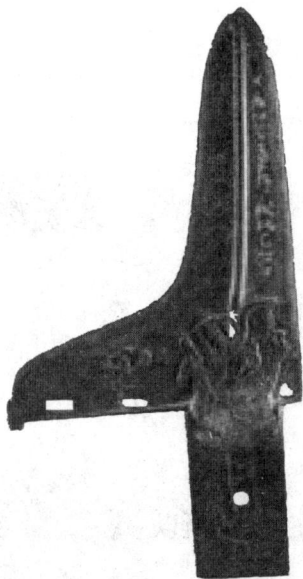

周宣王四年（前824年），为表彰秦人为周王室守土有功，封非子后人秦仲为大夫。

后来，秦仲为周王室讨伐西戎时战死了。

秦仲之子庄公为父报仇，击败西戎，还收复了西犬丘，被周宣王封为西陲大夫。

周幽王时，宠幸褒姒，烽火戏诸侯，导致犬戎兵攻破镐京，西周灭亡。在此次事件中，只有秦襄公亲率秦人拼死援救周王室。

犬戎兵退走后，卫、晋、秦、郑、申、鲁、许等国诸侯拥戴宜臼于公元前770年在申（今河南省南阳市北）即位，史称周平王。

因为镐京已经残破不堪，宜臼在秦襄公的护送下东迁洛邑，在晋、郑等诸侯国的辅助下勉强支撑残局。

因为镐京在西边，洛邑在东边，所以

历史上把周朝以镐京为国都的时期称为西周，迁都洛邑以后的周朝称为东周。东周开始的这一年就是我国春秋时期的开端。

因周平王迁都洛阳时，秦襄公率军护驾，为东周的建立立下了汗马功劳，所以受到周平王的高度信任。

周平王东迁后，为报答秦襄公，特地封他为诸侯，并答应他说："犬戎攻占镐京，你率军攻击他们吧，打到哪里哪里就归你所有。"

不久，秦襄公大败犬戎，扩地千里，岐山以西的广大地区均被秦军攻占，秦国从此强大起来，以诸侯的资格登上了华夏民族的历史舞台。

秦襄公封侯之后，主动学习中原诸国政治、军事、文化和礼仪制度，建立各种典章制度，与中原诸侯国建立联系，发展农业生产，加强军备，国力日益强盛起来。

秦襄公死后，其子秦文公即位。

周平王九年（前762年），秦文公迁都关中，西犬丘故都作为秦人先祖陵庙所在地，仍定期祭祀。秦文公死后，仍葬于西犬丘。

西北高原是游牧部落的天下，这些马背上的民族极其凶悍，经常对秦人进行攻击和屠杀。秦人几代先王都战死疆场，刚刚诞生的秦军更是血流成河。经过二百多年的浴血奋战，秦军彻底征服了剽悍的游牧民族，崛起于西方。

不间断的战争和恶劣的生存环境不允许秦人去做学问，秦国出的是精兵猛将，文臣几乎都是东方诸侯国前来投奔的。秦人虚怀若谷，兼收并蓄，利用他山之玉，一步步走向强盛，进而问鼎中原，最终吞并六国，完成了统一天下的大业，为汉族的形成作出了巨大的贡献。

秦孝公备战

秦国虽然在关中站稳了脚跟,但在战国七雄中,秦国在政治、经济、文化各方面都比中原各诸侯国落后。邻国魏国就比秦国强大,还从秦国手中夺去了河西一大片土地。这片土地在黄河之西,属于关中,原是秦国的领土。

周显王八年(前361年),秦孝公即位。他下决心发愤图强,搜罗人才,富国强兵。他下令说:"不论是秦国人还是外国来的客人,只要能使秦国富强起来,就封他为官。"

有才干的外国人闻讯,纷纷前来投奔他。卫国有一个贵族公子叫公孙鞅,就是后来的商鞅。他在卫国得不到重用,便千里迢迢来到秦国,受到了秦孝公的接见。

商鞅对秦孝公说:"国家要富强,必须进行改革,发展农业,奖励将士。要想

把国家治理好，必须有赏有罚。有赏有罚，朝廷才有威信，一切改革就容易进行了。"

秦孝公赞同商鞅的主张，但秦国贵族和大臣却竭力反对改革。秦孝公刚刚即位，见反对的人多，怕闹出乱子来，影响自己的君位，就把改革的事暂时搁了下来。

过了两年，秦孝公的君位坐稳了，就拜商鞅为左庶长（秦国的官名）推行改革。他宣布说："从今天起，改革的事全由左庶长说了算。"

商鞅起草了改革法令，但怕老百姓不信他的，不执行新法，就先叫人在都城的南门竖了一根三丈高的木头，宣布说："谁能把这根木头扛到北门去，就赏给他十两金子。"

不一会儿，南门外围了一大群人，议论纷纷，有的说："这根木头谁都拿得动，哪能赏十两金子？"有的说："这是左庶长在开玩笑吧。"

大伙儿你瞧瞧我，我瞧瞧你，没有一个人肯去扛木头。

商鞅见无人扛木头，就把赏金提到五十两，没想到仍然没人去扛。

正在大伙儿议论纷纷的时候，有一个人跑过来说："我来试试。"他说完，就把木头扛到北门，放在城门下，商鞅立即赏这人五十两黄金。

这事传出去后，一下子轰动了秦国。老百姓说："左庶长的命令不含糊，说话算数。"

商鞅见百姓相信他了，便将新法令公之于众。

新法令赏罚分明，规定官职的大小和爵位的高低以在战场上立功多少为标准，贵族没有军功的不给予爵位；多生产粮食和布帛支援前线的，免除官差；凡因懒惰和做买卖而变穷的，连同妻子儿女罚做官奴。

自从商鞅变法以后，秦国农业生产发展了，军事力量强大了。

不久，秦国进攻魏国，从河西打到河东，把魏国的都城安邑也打下来，魏国只好迁都大梁。

十年后，商鞅又实行了第二次改革，改革的主要内容如下：

一、废井田，开阡陌。阡陌是田间的大路，南北叫阡，东西叫陌。秦国把这些宽阔的阡陌铲平，也种上庄稼，还把以前作为划分疆界用的土堆、荒地、树林、沟地也开垦了，谁开垦的荒地归谁所有，谁的土地都可以买卖。

二、建立县级行政单位。把市镇和乡村合并起来组成县，由国家派官吏直接管理。这样，中央政权的权力更集中了。

三、迁都咸阳。为了便于向东发展，把国都从原来的雍城（今陕西省凤翔县）迁到渭河北面的咸阳（今陕西咸阳市东北）。

这样大规模的改革触犯了旧势力的利益，引起了激烈的斗争，许多贵族、大臣都反对新法。有一天，秦国的太子犯了法。商鞅对秦孝公说："国家的法令必须人人遵守，如果上面的人不遵守，下面的人就不信任朝廷了。得人者昌，失人者亡。如今太子犯法，他的师傅应当受罚。"

秦孝公认为商鞅说得对，便把太子的师傅公子虔和公孙贾都办了罪：一个割掉了鼻子，一个在脸上刺上字。这样一来，贵族和大臣都不敢触犯新法了。

十年后，秦国变得十分富强。周天子见状，忙打发使者送祭肉给秦孝公，封他为"方伯"，让他做了一方诸侯的首领。中原的诸侯也纷纷向秦国道贺。

张仪助秦

帮助秦国强大起来的，除了商鞅外，还有很多东方人，其中最为著名要属张仪、范雎等人。

在商鞅的改革大潮推动下，秦国越来越强大了。

秦孝公于周显王三十一年（前338年）病逝，他儿子秦惠文王即位后，不断扩张势力，发动战争，引起了其他国家的恐慌。

为了对付秦国的进攻，一些政客帮助这些国家出主意，主张大家结成联盟，联合抗秦，这种政策叫"合纵"。

与此同时，还有一些政客帮助秦国到各国游说，要他们帮助秦国去攻击别的国家，这种政策叫"连横"。

在这些政客中，最出名的要数张仪。张仪是魏国人，在魏国穷困潦倒，便到楚国去游说，楚王没有接见他，楚国的令尹把他留在家里作门客。

有一天，令尹家里丢了一块名贵的璧。令尹见张仪一副穷相，怀疑璧是他偷的，把他抓起来打个半死。

张仪回到家里，妻子见他满身伤痕，心疼地说："你要是不读书，不出来做官，哪会受这样的罪！"

张仪张开嘴，问妻子："我的舌头还在吗？"

妻子说："舌头当然还在。"

张仪说："只要舌头在，就不愁没有出路。"

后来，张仪辗转到了秦国，凭他的学问和口才，很快得到秦惠文王的信任，当上了相国。

这时，六国正在合纵抗秦，楚、赵、魏、韩、燕五国组成一支联军，于公元前318年攻打秦国的函谷关。由于五国之间

有矛盾，不能齐心协力，结果被秦军打败了。

张仪认为在六国中齐、楚两国是大国，要想实行"连横"，非把齐国和楚国的联盟拆散不可。于是，他向秦惠文王献计，秦惠文王采纳后，他就到楚国去了。

张仪到楚国后，将贵重的礼物送给楚怀王手下的宠臣靳尚，很快便见到了楚怀王。

张仪对楚怀王说："秦王特地派我向大王致意，要跟贵国交好。要是大王同齐国断交，秦王愿意跟贵国永远和好，还愿意把商于（今河南淅川县西南）一带六百里的土地献给贵国。"

楚怀王见利忘义，立即同意了。楚国大臣听说有这样的好事儿，都向楚怀王表示庆贺。只有大臣陈轸表示反对，他对楚怀王说："秦国为什么要把商于六百里的土地送给大王呢？还不是因为大王跟齐国订了盟约吗？我国有齐国这样的盟

国，秦国才不敢欺负我们。要是大王跟齐国绝交，秦国一定会来欺负楚国的。秦国如果真的愿意把商于的土地让出，大王不妨打发人先去接收。等商于六百里土地到手后，再跟齐国绝交也不迟。"

楚怀王深信张仪的话，拒绝陈轸的忠告，一面跟齐国绝交，一面派人跟着张仪到秦国去接收商于的土地。

齐宣王听说楚国同齐国绝交，马上打发使臣去见秦惠文王，约他一同进攻楚国。

楚国的使者到咸阳去接收商于的土地，张仪说："没有这回事啊！一定是你们大王听错了。秦国的土地都是百战所得，哪能轻易送人呢？我说的是六里，不是六百里，而且是我自己的封地，不是秦国的土地。"

使者如实回报，楚怀王气得浑身乱颤，立即发兵十万攻打秦国。

秦惠文王发兵十万迎战，同时还约了

齐军助战。结果，楚军一败涂地。十万人只逃回两三万。不但商于六百里地没到手，连楚国汉中六百里的土地也被秦国夺去了。

楚怀王只好忍气吞声向秦国求和，从此楚国元气大伤。

张仪不但帮助秦国开疆拓土，还报了当年在楚国无故被屈打之仇。

接着，张仪又先后到齐国、赵国、燕国，说服各国诸侯"连横"亲秦。这样，六国"合纵"联盟终于被张仪拆散了。

远交近攻

除了张仪外，帮助秦王开疆拓土的还有魏国人范雎。

秦昭襄王即位时才18岁，秦国的实权掌握在宣太后和她的弟弟穰侯魏冉手里。

周赧王四十五年（前270年），穰侯要派秦兵去攻打齐国。

这时，秦昭襄王接到一封信，署名张禄，说有要事求见。

张禄原是魏国人，原名叫范雎，本是魏国大夫须贾的门客。有一年，须贾带范雎出使齐国。齐襄王听说范雎很有才干，便打发人去见范雎，送给他一份厚礼，范雎坚决推辞了。

须贾听说这件事后，怀疑他私通齐国。回魏国后，须贾向相国魏齐告发了。魏齐命人严刑拷问范雎，打得他几乎断了气。最后，魏齐叫人用破席把他裹起来

扔进厕所里。

天黑时范雎才从昏迷中醒过来，发现自己的肋骨已被打折，门牙也打掉了两颗。范雎见只有一个兵士看守他，便向守兵恳求救命。那个守兵顿生怜悯之心，偷偷地放走他，向魏齐回报说范雎已经死了。

范雎更名改姓，自称张禄，随秦国的使者到了秦国。

范雎到秦国后，便给秦昭襄王写了一封信。秦昭襄王约定日子，要在离宫接见他。

那天，范雎到离宫.去，在路上碰见秦昭襄王坐着车子来了。范雎故意装作不知道是秦王，也不回避。

秦王的侍从大声吆喝道："大王来了，速速回避。"

范雎故意说："什么'大王来了'，秦国还有大王吗？"

秦昭襄王此时正急于亲政，不想再

做傀儡了，听范雎话里有话，正说到他的心坎上，便急忙把范雎请到离宫，命令左右退出，单独接见范雎。

秦昭襄王对范雎说："寡人诚恳地请先生指教，不管牵涉到谁，先生只管直说。"

范雎见秦王礼贤下士，便说："秦国土地如此广大，士卒如此勇猛，要想统一天下，本来是件很容易的事，可是多年来却没有什么成就，这不能不说相国穰侯办事有失策的地方。"

秦昭襄王问道："你说失策在什么地方？"

范雎说："齐国离秦国很远，中间还隔着韩国和魏国。秦军要出兵攻打齐国，就算马到成功把齐国打败了，大王也没法把齐国和秦国连接起来。替大王着想，最好的办法是远交近攻。对离我们远的齐国要和它建交，暂时把它稳住，先把一些邻近的国家攻下来。这样，才能扩大秦

国的地盘，打下一寸就是一寸，打下一尺就是一尺。这样，等大王把邻近的韩、魏两国兼并后，齐国也就保不住了。"

秦昭襄王点头称是，连说："对，对，秦国要想打下六国，统一中原，全靠先生远交近攻的妙计了。"

当下，秦昭襄王拜范雎为客卿，并且按照他的计策把韩国和魏国作为主攻目标。

不久，秦昭襄王把相国穰侯撤了职，不再让太后干预朝政，正式拜范雎为相国。

魏王受到秦国的进攻，十分惊慌。相国魏齐听说秦国的相国是魏国人，就打发须贾到秦国去求和。

须贾到了秦国，才知道张禄就是范雎，吓出一身冷汗。他爬到范雎面前，连连磕头，说："我须贾瞎了眼睛，得罪了大人，请大人治罪吧。"

范雎把须贾狠狠地数落了一顿，接

着叫须贾捎信给魏王，说只要魏王杀了魏齐，秦国就允许魏国割地求和。

须贾回到魏国，将范雎的信上呈魏王，魏王情愿割地求和。魏齐走投无路，只好自杀。

接着，秦国按照范雎远交近攻的计策，继续向韩国进攻。

周赧王五十三年（前262年），秦昭襄王派大将白起进攻韩国，占领了野王（今河南沁阳）。截断了上党郡（治所在今山西长治）和韩都的联系，上党告急了。上党守将不愿意投降秦国，打发使者带着地图把上党献给了赵国，赵孝成王派军队接收了上党。

两年后，秦国又派王龁围攻上党。

赵孝成王听说后，连忙派廉颇率领二十多万大军救援上党。大军刚到长平（今山西高平县西北），上党就被秦军攻占了。

王龁移师进攻长平，廉颇连忙守住

阵地，叫兵士修筑堡垒，挖好壕沟，同秦军对峙，作长期抵抗的打算。

王龁多次挑战，廉颇说什么也不跟他交战。王龁无计可施，只好派人报告秦昭襄王说："廉颇老将富有经验，不肯轻易出战。我军远道而来，长此下去，怕粮草接济不上，请大王决断。"

秦昭襄王请范雎出主意。范雎说："要想打败赵国，必须让赵王把廉颇调回去。"

秦昭襄王说："这哪能办到呢？"

范雎说："大王勿急，臣有妙计。"

过了几天，赵孝成王听左右纷纷议论说："秦军就怕大王让年轻有为的赵括带兵；廉颇无能，马上就要投降了！"

赵括是赵国名将赵奢的儿子，从小爱学兵法，谈起兵法来头头是道，自以为天下无敌，连他父亲也不放在眼里。

赵王听了左右的议论，信以为真，哪知这是范雎的反间计。赵王立即把赵括

找来，问他能不能打退秦军。赵括回答说："要是秦国派白起来，我还得费一番周折对付他。如今来的是王龁，他不过是廉颇的对手，对我来说，打败他不在话下。"

赵王听罢大喜，马上拜赵括为大将，让他去接替廉颇。

相国蔺相如对赵王说："赵括只懂得读父亲的兵书，不会临敌应变，不能做大将。"赵王认为蔺相如多虑了，执意派赵括去带兵。

赵括的母亲也向赵王说："他父亲临终时再三嘱咐，'赵括这孩子把用兵打仗看做儿戏，谈起兵法来眼空四海，目中无人。将来大王不用他还好，如果用他当大将的话，只怕赵军会断送在他手里'。因此，请大王千万别让他当大将。"

赵王说："寡人已经决定的事，不能更改了。"

赵括率领二十万赵军到了长平，加上廉颇的二十万大军，总共四十万大军，声势浩大。赵括平步青云，颐指气使，不可一世。他把廉颇规定的制度全部废除，下令军中说："秦军如再来挑战，定要迎头痛击。秦军败退时，务必追上去杀他个片甲不留。"

范雎得知赵王换将，立即秘密派白起为上将军，到长平去指挥秦军。

白起一到长平，设好埋伏后，故意打了几次败仗。赵括不知是计，拼命追赶。白起把赵军引到预先埋伏好的地区，然后派出二万五千精兵切断赵军的后路，另派五千骑兵直冲赵军，把四十万赵军切成两段。

赵括中计后，只好筑起营垒坚守，等待救兵。秦国又发兵把赵国救兵和运粮的道路切断了。

赵军内无粮草，外无救兵，守了四十多天，兵士开始人吃人，再也无力作战了。

赵括想带兵冲出重围，秦军万箭齐发将他射死。

赵军见主将被杀，纷纷扔下武器投降，四十万赵军全军覆灭。

相邦吕不韦

秦昭襄王的太子娶楚王的女儿为妃，称华阳夫人。华阳夫人没有生儿子，后娶的夏姬生了个儿子叫异人。异人长大后，被昭襄王派到赵国都城邯郸去做人质。由于秦国数次攻打赵国，赵国对异人不加礼遇，异人在赵国很不得意。

阳翟有个大商人叫吕不韦。一天，吕不韦在邯郸见到异人，不禁说道："此

奇货可居！"于是，他去拜见异人，说道：
"我能光大你的门楣。"异人笑道："你先
光大自己的门楣吧。"吕不韦说："你不知
道，我的门楣得靠你的门楣才能光大。"
异人明白他的意思，拉他坐下，两人密谈
起来。

吕不韦对异人说："秦王已经老了。
太子宠爱华阳夫人，而华阳夫人却没有
儿子。你在兄弟二十多人里，位置居中。
你父亲不大喜爱你，你父亲一旦即位，立
了太子，你就没有机会争做太子了。"异
人问道："你看怎么办好呢？"吕不韦回
答说："只有华阳夫人能决定谁做太子。
我愿意拿出千金为你活动，好让你父亲
立你为太子。"异人说："如果此事真能办
成，我愿意和你平分秦国。"于是，吕不
韦拿出五百金送给异人，让他结交宾客。
自己用五百金买了奇物珍玩，到秦国去见
华阳夫人的姐姐，托她将奇物珍玩献给
华阳夫人。

华阳夫人见了礼物，立即召见吕不韦。吕不韦对华阳夫人说："异人极其贤能，他的宾客遍布天下。他以夫人为天，常流泪思念太子。"夫人听了，十分高兴。

接着，吕不韦让华阳夫人的姐姐劝华阳夫人说："漂亮的脸蛋是靠不住的。一旦色衰，太子就不会爱你了。不如趁现在太子爱你时，在太子的儿子中选一个贤能的立为嫡子，将来即使色衰，也有依靠了。异人既然很贤能，就立他为嫡子吧。"华阳夫人同意了。

一天，华阳夫人找机会对太子说："异人极其贤能，人们都夸他。"说着说着又哭了起来："我很不幸，没有生儿子。我想立异人为子，好有个依靠。"太子十分宠爱华阳夫人，言无不从，当时就同意了。还刻玉为符，立异人为继承人。太子厚赠异人，让吕不韦做他的师傅。

秦军围攻邯郸时，赵国人要杀掉异

人。异人和吕不韦献给负责守城的赵将六百金，才得以逃到秦军中。

回到咸阳后，异人穿了一身楚国服装去见华阳夫人。华阳夫人高兴地说："我是楚国人，你就做我的儿子吧。"于是给异人改名为"楚"（又称"马楚"）。

第二年，赧王将土地献给秦国，周朝灭亡了。从此，便不用周朝纪年，改用秦王纪年了。

秦昭襄王五十六年（前251年）秋天，昭襄王去世，太子即位，史称孝文王。

孝文王即位三天就去世了，太子即位，史称庄襄王。庄襄王尊华阳夫人为华阳太后，尊母亲夏姬为夏太后。

庄襄王为了答谢吕不韦，拜他为相邦，即相国，封他为文信侯。

吕不韦立异人为嫡嗣，从而稳定了秦王室。秦昭襄王是一个执政五十多年的老国王，安国君是一个五十多岁的老太子，安国君有二十多个儿子，却迟迟没有

立嫡嗣，秦王室潜伏着极大的不安因素。一旦众子争位，将会导致秦国内乱，甚至使秦国形势发生逆转。吕不韦说服华阳夫人，确立异人为嫡嗣，从而稳定了秦王室，使秦王去世后王室没有发生内乱。

吕不韦提出了兴"义兵"的思想，主张"兵入于敌之境，则民知所庇矣，黔首知不死矣。至于都国之郊，不虐五谷，不掘坟墓，不伐树木，不烧积聚，不焚室屋，不取六畜，得民虏奉而题归之"。

吕不韦让秦军尽量避免硬碰硬的战

争，以减少损失。公元前247年，东方五国联合抗秦，吕不韦设计将联军首领信陵君和魏王的关系搞坏，使信陵君被撤职，联军遂告瓦解。

在吕不韦的辅佐下，秦国得以继续发展，维持了对东方六国的高压态势，加快了统一六国的步伐。吕不韦对中国历史的发展是有贡献的，对汉族的形成是有功的。

尉缭献计

尉缭是魏国大梁（今河南开封）人，是战国著名军事家。他于秦王政十年（前237年）来到秦国。这时，秦王政已经亲政，国内形势稳定，秦王正准备全力以赴兼并东方六国。

当时，以秦国之力，消灭六国中的任何一个是不成问题的，但怕六国联合起来共同抗秦。离间东方国家虽然是秦国的传统做法，但究竟采用什么方法更为有利，仍是一个棘手的问题。

尉缭一到秦国，就向秦王献上一计，解决了这一难题。他说："以秦国之强，诸侯好比是郡县之君，我所担心的是诸侯合纵。如果他们联合起来出其不意，这就是智伯、夫差、湣王之所以灭亡的原因。希望大王不要爱惜财物，用以贿赂各国的权臣，使其为我所用；如果不收，便以利刃刺之。这样，不过损失三十万金，诸侯就可以尽数消灭了。"

智伯是春秋晋国的权臣，后被韩、赵、魏等几家大夫联合起来攻灭；夫差是春秋末吴王，后为越王勾践袭杀；湣王指战国齐湣王，后被燕、赵、魏、秦等国联军打败，流亡而死。

尉缭的这番话说到秦王最担心的问题上，秦王觉得此人非同一般，正是自己千方百计寻求的人，于是对他言听计从。

为了显示恩宠，秦王让尉缭享受同自己一样的衣服和饮食，每次见到他，总是

表现得很谦卑。

经过与秦王嬴政不长时间的接触，尉缭觉得秦王这个人缺乏仁德，有虎狼之心，穷困的时候容易对人谦卑，得志的时候会凶相毕露的。我是一介平民，然而他见到我总是那样谦卑。如果秦王夺取天下的心愿得以实现，天下的人就都成他的奴隶了，我也自身难保了。我不能跟他长久交往，还是走为上计吧。于是，他逃走了。

秦王发觉尉缭逃走，立即派人将其追回，还让他当了秦国最高的军事长官，始终采用他的计谋。

心有余悸的尉缭不好意思再萌去意，只好死心塌地地为秦王出谋划策，为秦的统一大业效力。

在秦军作战的具体战术上，尉缭提出了当时最为先进的方法，如在列阵方面，他提出士卒要"有内向，有外向；有立阵，有坐阵"。这样的阵法错落有致，便

于指挥。

尉缭认为军队不应进攻无过之城，不能杀戮无罪之人。凡是杀害他人父兄，抢夺他人财物，将他人子女掠为奴仆的都是大盗的行径。他希望战争对社会造成的危害越小越好，甚至提出要使军队所过之处，农夫不离其田业，商贾不离其店铺，官吏不离其府衙。

另外，尉缭还希望靠道义、民气来取得战争的胜利。

秦王政重用尉缭，一心想统一中原，不断向各国进攻。几年后，终于统一了天下。

贤相李斯

李斯是战国末年楚国上蔡人，年轻时曾在家乡当小吏，怀才不遇。于是，他拜当时的大学者荀卿为师，学习帝王之术，即辅君治国之术。学成之后，李斯到秦国找到相国吕不韦，做了他的门客。在

吕不韦的手下，他尽心尽力地干，得到吕不韦的赏识，被推荐为郎官，也就是秦王的侍卫官。从此，李斯有机会向秦王进言，阐述自己的政治见解了。

有一天，李斯建议秦王吞并东方六国，完成统一大业。他说："以秦国之强，大王之贤，能像扫除尘埃一样消灭诸侯，完成帝业，统一天下。此乃万世一遇之机，若不急行，诸侯复强，相聚合纵，虽有黄帝之贤，也不能吞并六国了。"秦王听了李斯的卓越见解，拍手称快，立即任

命他为长史。

秦王嬴政十年（前237年），文信侯吕不韦罢相。这时，宗室大臣向秦王进言说："从诸侯各国来我国做官的都是为他们国王游说的，都是来搞离间活动的，请大王将他们全部驱逐吧。"秦王听了，觉得言之有理，于是颁下《逐客令》，把从诸侯各国来秦国做官的人一律驱逐出境。

李斯本是楚国人，当然也在被逐之列。他在被逐途中，给秦王上了一封谏书说："从前穆公求贤，西面在西戎找到由余，东面在宛地得到百里奚，从宋国迎来蹇叔，从晋国迎来丕豹、公孙支。穆公有了这些外国来的贤人，才兼并了二十个小国，扩地千里，称霸西戎。孝公用商鞅变法，至今国富民强，诸侯才亲近秦国。惠王用张仪之计，拆散了六国的合纵，使他们服从秦国。昭王得到范雎，加强了国君的权力，抑制了私人的势力。这四位国君都是借外国贤人之力才得以成功的，外国贤人有什么对不起秦国的？美色、音乐、珍珠、宝玉不产在秦国，而大王却享用它们，而用人却不肯这样，不问贤愚，不是秦国人就不用，只要是外国人就赶走。这是大王重美色、音乐、珍珠、宝玉而轻视人啊！我听说泰山不拒绝土壤，所以才那么高；江海不拒绝小河，所以才那么深；王者不拒绝人民，所以才能建立德政，成就大业，因此五帝、三王能够无敌于天下。现在，大王抛弃人民以资助敌国，拒绝宾客让他们给诸侯办事，这岂不等于送士兵给敌人，送粮食给大盗吗！"

秦王见了李斯的谏书，恍然大悟，忙收回《逐客令》，下令将李斯召回，恢复他的职务。这时，李斯已经走到骊邑了。李斯回来后，秦王任命他为廷尉，这是秦国最高的司法官员。

秦王在李斯等人的辅佐下，历时二十余年，终于灭了六国，于秦王嬴政二十六

年（前221年）统一了中国。

统一后，丞相王绾说："全国地方太大，难以管理，应像周武王那样封诸子为王。"秦始皇召开群臣会议讨论此事，群臣都赞同王绾的意见，只有李斯提出不同的意见说："周武王封的子弟很多，后来一个个都疏远了，互相视为仇敌，经常发生战争，周天子也不能禁止。现在天下一统，应实行郡县制，天下才得以安宁。"秦始皇也认为天下好不容易才统一了，如果再立许多小国，不利于统一，安宁也没有保障，因此支持李斯的意见。于是，将全国分为三十六郡，郡以下设县。郡县制确实是一个进步，有利于国家的统一。

这一整套封建中央集权制度从根本上铲除了诸侯王国分裂割据的祸根，对巩固国家统一，促进社会发展起了积极作用。因此，这一制度在秦以后的封建社会里一直沿用了近两千年，对汉族的发展

是大有好处的。

公元前221年，秦始皇接受李斯"书同文字"的建议，命令全国禁用各诸侯国留下的古文字，一律以秦国小篆为统一书体。战国时期，由于群雄割据，出现了"言语异声，文字异形"的现象，使这一时期的汉字形体产生了地域性的差异。原本只有一种写法的字，各国多有不同。因此，统一后的中国急需一种统一的官方文字。李斯奉秦始皇之命制作了标准字，这便是小篆。小篆取史籀大篆略加省改而成，故名"小篆"。为了推广统一的文字，李斯亲作《仓颉篇》七章作为学习课本，供人临摹。不久，李斯又采用一个叫程邈的奴隶创造的书体，打破了篆书曲折回环的形体结构，形成一种新的书体——隶书。从此，隶书便作为官方正式书体流行，深受国人喜爱。在中国书法四大书体真、草、隶、篆中，隶、篆占了半壁江山。

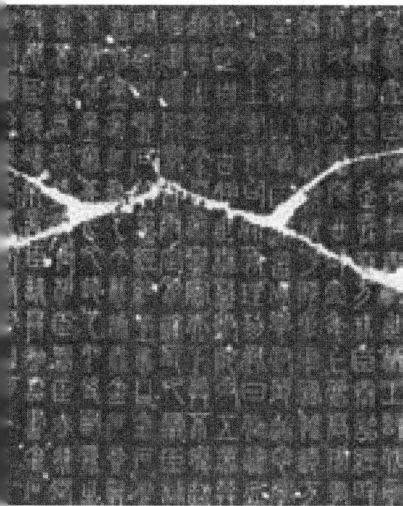

　　统一之前，中国的度量衡没有一个统一的标准，各国诸侯制定了不同的计算单位和不同的计算进制，影响了秦王朝的经济交流和发展。李斯上书秦始皇，建议废除六国旧制，把度量衡从混乱不清的状况下统一起来，秦始皇准奏。于是，在李斯亲自指挥下，度制以寸、尺、丈为单位，采用十进制计数；量制以合、升、斗为单位，也采用十进制计算；衡制以铢、两、斤、钧、石为单位，二十四铢为一两，十六两为一斤，三十斤为一钧，四钧为一石。为了有效地统一制式和器具，李斯又

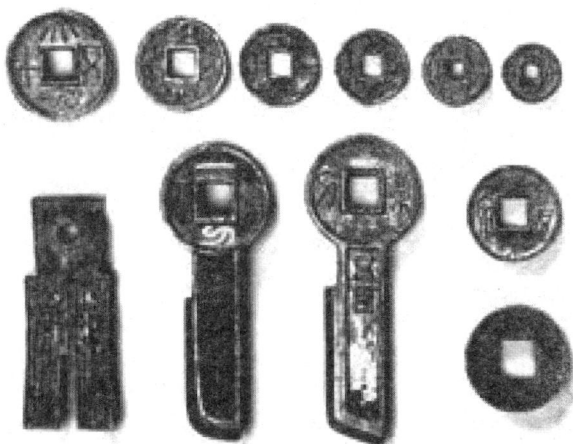

　　从制度和法律上采取措施，保证了度量衡的精确实施。几千年来，无论朝代怎样更迭，这种计量方法从未更改。

　　公元前220年，秦始皇觉得庞大的中央集权要想在辽阔的土地上做到政令畅通，做到物资交流便利，必须改变以往的交通条件。为此，李斯建议统一全国的车轨，并在全国范围内修筑驰道。在李斯的设计下，以京师咸阳为中心，陆续修建了两条驰道，一条向东通到过去的燕、齐地区（今河北、山东一带），一条向南直达吴楚旧地（今湖北、湖南、江苏、浙江等地）。驰道宽50步，路基坚固，道旁每隔三丈种一株松树。后来，又修筑了"直道"，由九原郡直达咸阳，全长1800余里。还在今云南、贵州地区修筑了"五尺道"，以便利中原和西南地区的交通。在湖南、江西一带，修筑了翻越五岭的"新道"，以利南北交通。这样，一个以咸阳为中心的四通八达的交通网把全国各地联在了一起。同时，为了与道路配套，李斯规定车轨的统一宽度为六尺，以此保

证车辆的畅行无阻。

公元前210年，李斯向秦始皇上了一道奏折：废除原来秦以外通行的六国货币，在全国范围内统一货币。秦统一中国后，市面上使用的货币仍包括布币、刀币、贝钱和圆钱等旧形式，使用起来十分不便。因此，统一货币便成了当务之急。在李斯的主持下，货币规定以黄金为上币，以镒为单位，每镒重二十四两；以铜半两钱为下币，一万铜钱折合一镒黄金。严令珠、玉、龟、贝、银、锡之类不得当做货币流通。同时，规定货币的铸造权归国家所有，私人不得铸币，违者定罪。李斯所主持铸造的圆形方孔的半两钱俗称秦半两，因造型设计合理，使用携带方便，一直使用到清朝末年。

李斯办的这几件大事都产生了影响千年的效果，给汉族带来了极大的好处。

二、从刘邦建国
到王莽篡汉

陈涉起义

秦始皇死后，小儿子胡亥即位，史称秦二世。

秦二世荒淫暴虐，赋税徭役过重，百姓不堪其苦，终于纷纷起来造反了。

秦二世元年（前209年）七月，阳城人陈涉在蕲地起兵了。

原来，秦廷征发贫苦的百姓到燕北的渔阳去戍边，这次，以陈涉、吴广为首。

征发了九百人在大泽乡集中。出发前，大雨倾盆，道路不通了。陈涉估算了一下，即使雨后继续上路，也不能如期到达渔阳了。而根据秦法，不能如期到达是要砍头的。陈涉、吴广便利用人们对秦廷的仇恨，杀了秦廷的押送官员。陈涉对大家说："我们已经不能如期到达了，按法是要砍头的。即使不砍头，戍边而死的也占十分之六七。大丈夫不死则已，死就要成大名。王侯将相也不是天生的贵种啊！"大家听了他的话，一致同意造反。于是，陈涉诈称他们是大楚队伍，陈涉自立为将军，吴广自称都尉。

陈涉率领起义队伍先后攻下大泽乡、蕲和陈。这时，他们已有战车六七百辆，骑兵千余人，步兵数万人了。

当初，大梁人张耳、陈馀是刎颈之交。秦始皇灭掉六国之后，听说他俩是魏国的名士，特悬重赏购求他们。他俩更名改姓，到陈郡隐藏起来。陈涉的队伍

攻下陈郡后，张耳、陈馀去拜见陈涉。陈涉素闻他俩的大名，见他二人前来，心中大喜。当时，陈郡的父老豪杰都劝陈涉称王，陈涉正在犹豫，便向他俩征求意见。他俩回答说："秦二世暴虐无道，将军冒死起兵，为的是除暴安良。如果刚到陈郡就称王，天下人会以为将军是有私心的。为今之计，应该立即引兵西征，攻打秦国。同时，要派人去立六国的后人，分散秦军的兵力。待攻下咸阳之后，再号令诸侯。诸侯都是你立的，自然会拥戴你。那时，你会建立帝业的，何止称王呢？"陈涉没听他俩的，在陈郡自立为王，国号"张楚"。

这时，秦朝各郡县早已受尽了苦，听说陈涉起兵了，都杀掉长官，起兵响应。这年九月，刘邦、项羽和田儋分别在沛县、吴郡和狄城起兵了。

陈涉在陈郡称王后，派将领南征北战，东杀西讨。不久，出征的将领有的自立为王，有的立六国之后为王。真是天下大乱，群雄并起了。

陈涉派去西征的将领是周文，周文率军一直打进关中，军队扩展到十万人。秦二世闻讯大惊，问群臣说："这如何是好？"少府章邯回答说："盗贼已经打到眼前。我们征发军队已经来不及了。在骊山做苦工的百姓很多，可以放了他们，发给他们武器，让他们迎击盗贼。"秦二世同意了。章邯率领由骊山苦力组成的大军打败了周文的队伍。秦二世二年（前208年）十一月，周文撤出关中，接着在渑池大败，自刎而死。

秦二世又派长史司马欣、董翳率军协助章邯进攻义军。陈涉亲自到阵前监战，义军被秦朝联军打败。陈涉的车夫庄贾杀死陈涉，投降了秦军。

当初，陈涉称王后，孔子八世孙孔鲋特地从鲁国家乡前去投奔，陈涉让他做了博士官。后来，陈涉派大军远征后，开

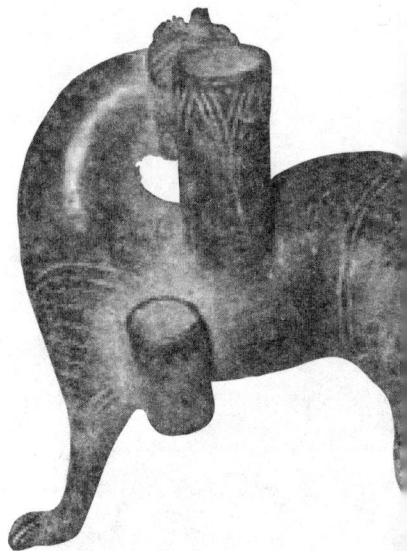

始轻视秦军，不再设防了。孔鲋进谏说："兵法上说：'靠的不是敌人不攻我，靠的是我自己不怕攻。'如今大王不再设防，万一秦军来攻，后悔莫及了。"陈涉说："寡人的军队，先生放心就是了。"陈涉不听孔鲋之言，骄傲轻敌，终致今日之败。

陈涉部下吕臣闻讯，起兵攻下陈郡，杀了庄贾，将陈涉埋葬在砀山之下，称之为隐王。

刘邦建立汉朝

周赧王五十九年（前256），也就是信陵君窃符救赵的第二年，汉高祖刘邦生于楚国丰邑阳里村的一个小康之家。父亲刘瑞是个自耕农，为人忠厚老实；母亲王氏在家纺线织布，常好助人为乐。

刘邦字季，兄弟四个，他是老三。家乡父老都称他"刘季"。

刘邦出生这年，正是秦始皇的曾祖父

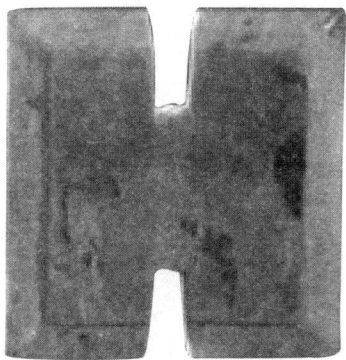

秦昭襄王五十一年（前256年）。等到秦始皇统一天下时，刘邦已经36岁了。

刘邦从小聪明多智，相貌奇伟，方面大耳，高鼻梁，双目炯炯有神。父亲见他相貌异常，知道他将来不是一般人，便给他起名叫刘邦。

刘家世代务农，刘邦的父兄都在家种田。父亲为了让刘邦做大事，特地供他一人读书。

刘邦从小就特别好交朋友，身前身后总有一群人围着他。朋友多了，在家吃饭不方便，免不了要到酒肆中吃饭。到了酒肆，又免不了要喝酒。久之，刘邦有了酒瘾，平时十分喜欢喝酒，常到武负、王媪的酒肆中去饮酒。武负、王媪见他相貌不同于平常人，年终时，将记录板上的赊账一把擦掉，竟不收他酒钱。

秦始皇统一天下后，刘邦通过考试当上了泗水亭长，做了秦朝的官。

秦制：十里一亭，十亭一乡。这个亭

不是凉亭之亭，是行政单位，一亭方圆十里。十个亭组成一个乡。亭长是个比乡长还要小一级的行政长官，负责管理地方百姓，解决邻里纠纷，处理诉讼。手下有役卒两人，一个管洒扫，一个管缉捕。亭里遇有大事时，亭长要上报到县里。因此，刘邦认识了县里的一些官吏。

刘邦为人大度，乐于助人，喜欢结交豪杰。沛县主吏萧何、狱掾曹参和夏侯婴都是他的好朋友，他们常在一起喝酒。

刘邦胸怀大志，一天在咸阳街头碰巧遇见秦始皇出行。望着前呼后拥、八面威风、仪仗如林的秦始皇，刘邦喟然长叹道："唉！大丈夫就应该如此啊！"

秦始皇末年，朝廷颁下命令，让各县押送狱中的囚犯到骊山为秦始皇修筑陵墓。这年，刘邦接到了押送几十名刑徒到骊山去的任务。

刑徒怕到骊山去送命，一出县境，就有人偷偷地逃跑了。向西走了几十里，又

有几个人不见了。

晚上，刘邦和刑徒在驿站投宿。早晨起来，刘邦清点人数，发现又少了几个。

上路后，刘邦边走边想："走到骊山时，这些刑徒都得跑光了。"于是，刘邦将刑徒的绳子解开，对他们说："你们若到了骊山，必做苦工，是难免一死的。我决定放了你们，你们快逃吧。"剩下的刑徒听了，无不感激涕零，向刘邦千恩万谢，纷纷逃走了。

有十个人没有逃走，问刘邦："亭长，你把人放了，如何回县里交差啊？"刘邦回答说："我也从此远走高飞了。"那十个人说："刘公如此仗义，我们情愿相随，共同保护你。"刘邦见这十个人愿意跟随他，便说："那好，我们暂时躲到芒砀山上去吧。"

刘邦带着刑徒逃到芒砀山躲了起来，渐渐聚集了一百多人。

陈涉起义以后，刘邦的朋友沛县县

衙的文书萧何等人派人接回刘邦，杀了县官，让刘邦当了沛县的首领，人称"沛公"。

后来，刘邦和谋士一起投奔了当时声势最大的项梁领导的反秦队伍。陈涉兵败被杀后，项梁立楚怀王的后人为领袖，仍称楚怀王。

楚怀王派刘邦攻打咸阳（秦国都城），刘邦便率领人马一直攻到咸阳城外，秦王子婴出城投降。刘邦进入咸阳，统治中国仅十五年的秦帝国灭亡了。

刘邦听张良的劝告，废除秦始皇的严刑苛法，因而深受到百姓的欢迎，争先恐后地拿着酒肉去慰劳刘邦的军队。

不久，项羽也率军进入咸阳，自封西楚霸王，封刘邦为汉王。刘邦很不服气，但因当时自己的力量太弱，只有十万大军，没办法和拥有四十万大军的项羽一争高低，只好带人马到封地南郡（今陕西省汉中东）去。

到了南郡，刘邦招兵买马，发现和重用有才能的人，决心和项羽争夺天下。

由于刘邦虚心听取大臣的意见，知人善用，军纪严明，关心百姓，最后终于打败了项羽，迫使项羽在乌江自刎。

公元前202年，刘邦在众人拥戴下做了皇帝，建立汉朝，史称汉高祖。

华夏民族发展为汉族的标志是汉族族称的确定。华夏民族统一于秦王朝，其族称一度称为"秦人"，西域各国就有称华夏民族为"秦人"的习惯。但秦王朝国运太短，"秦人"的称呼很快被人们遗忘了。而汉王朝从西汉到东汉长达四百多年，为华夏民族称为"汉族"提供了历史条件。

汉王朝国势强盛，在对外交往中，其他民族称汉朝的军队为"汉兵"，称汉朝的使者为"汉使"，称汉朝的人为"汉人"。汉王朝与周边少数民族进行频繁的交往活动中，"汉族"的称呼取代了"华

大将韩信

夏民族"。吕思勉说："汉族之名，起于刘邦称帝之后。"吕振羽说："华族自前汉的武帝、宣帝以后，便开始叫汉族。"总之，"汉族"名称始于汉朝。

刘邦是真正意义上统一中国的人。秦始皇统一中国只有短短十几年，只是军事上的统一，并未争得民心，民心并未统一。建立汉朝之后，刘邦以文治天下，征用儒生，广泛求贤。废除秦朝苛法，豁免徭役，减轻人民负担，与民休息，减轻田租，什五税一，释放奴婢，迅速恢复并提高了国民经济。

刘邦采取的宽松政策安抚了人心，使四分五裂的中国真正统一起来，将分崩离析的民心凝集起来。刘邦对汉族的形成、中国的统一强大、汉文化的保护发扬作出了巨大的贡献。

秦始皇在版图上将中国统一，为汉族的形成提供了环境，因而被称为千古一帝。

刘邦在人心上将中国统一了，因而国运长久，他所建立的汉朝得以与"汉族"的名称联系在一起。

陆贾出使南越

汉高祖十一年（前196年），汉高祖为结束岭南地区的分裂状态，统一全国，决定采取和平外交政策，派遣大夫陆贾出使南越，劝南越皇帝赵佗归汉。

赵佗本是秦将，趁秦末天下大乱时在五岭之南自称皇帝。

陆贾不远万里来到岭南，见了赵佗。赵佗开始时表现冷淡，态度傲慢。于是，陆贾在城西筑土城住下，耐心地等待赵佗回心转意。

陆贾对赵佗极力晓之以理，动之以情，说明利害关系，并指出若违反统一大势，无异于以卵击石，必遭天谴。

赵佗见陆贾有诚意，十分钦佩他，称

他是南越唯一可以商谈的人，便取消了帝号，接受了汉高祖赐给的南越王印绶，与汉朝剖符定约，互通关市，归附称臣。

汉高祖死后，元配夫人吕后临朝，严禁铁器、母牛、母马输入南越。赵佗再三遣使请求取消禁令，均遭拒绝。吕后还派人到赵佗老家河北真定，掘了赵佗的祖坟，诛杀了赵氏宗族的一些人，并派兵讨伐赵佗。

赵佗一怒之下，宣布脱离汉朝，再次称帝，岭南岭北再次陷于分裂状态。

吕后死后，汉文帝即位，恢复了"和辑汉越"的政策，为赵佗重修先人茔冢，每岁奉祀，并封官厚赐赵氏兄弟。

接着，汉文帝和丞相陈平商量，要派人到南方去招安赵佗。陈平说："当年，陆贾曾出使南越，不辱使命。这次不如还派他去，驾轻就熟，一定会成功的。"汉文帝说："有陆贾出使，朕就放心了。"

汉文帝前元元年（前179年），汉文帝

再次派遣陆贾出使南越。

陆贾受命南下，见了赵佗，说明来意，并献上汉文帝的亲笔诏书。

赵佗看罢诏书，知道父母和兄弟受到特殊照顾，激动地说："汉天子如此仁义，赵佗还有何说？愿奉明诏，永为藩臣。"

陆贾指着诏书说："这是天子的亲笔诏书，对着它就像对着天子一样，是要行礼的。"

赵佗听了，便将诏书供在案上，行了跪拜大礼。

陆贾又劝赵佗去掉帝号，赵佗当即允诺，下令国中说："天无二日，地无二君，汉天子是真正的贤天子，从今以后，我赵佗不再称帝，永为藩臣。"

陆贾一听，心中大喜。

赵佗设宴款待陆贾，两人不拘形迹，像老朋友重逢一样，有说不完的话。

赵佗为人豪放，留陆贾住了多日，才

放他北归。

汉文帝见陆贾不辱使命，避免了一场战争，便重赏了他。

陆贾不费一兵一卒，为汉朝统一立了大功，也为汉族的发展壮大作出了贡献。

七国之乱

汉文帝死后，儿子刘启即位，史称汉景帝。

汉景帝继续执行与民休息的政策，国家越来越富了。

与此同时，藩王的势力也越来越强，对中央构成了威胁。其中最强大的是刘邦的侄儿吴王刘濞。

汉文帝前元七年（前173年），贾谊曾向汉文帝上书说："当今王国势力过于强大，犹如一个人犯了肿病，一条腿肿得像腰那么粗，一个指头肿得像一条腿，应当赶快医治才好。医治的办法最好是分割诸侯的王国，削弱他们的力量。力量小了，

就不会造反了。"

太子家令晁错也跟贾谊有同样的看法。他曾建议汉文帝说:"应该削减王国的领地,分散他们的力量。"

原来,刘邦在建立汉朝时,曾大封子弟为王。一个王就是一个小国之王,而且是世袭的。

汉文帝明知他们的建议都很好,可是觉得时机还未成熟,不能太性急了。他只是在齐王刘侧死后,因为没有儿子继承,才把领地最大的齐国分成了六个小国,又把曾经发动过叛乱的淮南国分成了三个小国。

刘启即位后,任命自己的管家晁错为御史大夫。晁错又一次建议削夺王国的领地。

有一天,晁错对汉景帝说:"吴王因为儿子被打死,假装有病不来朝拜天子。这种狂妄的行为,按照古代的礼法是应当杀头的。现在,他不肯改过自新,反而

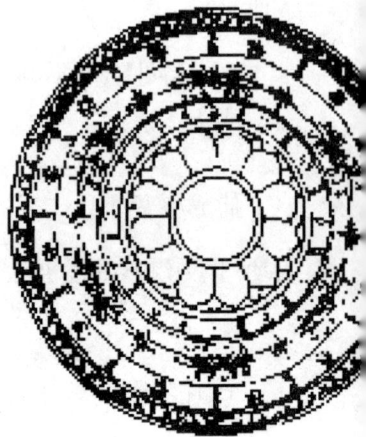

更加骄横，应当趁早削夺他的领地。"汉景帝说："削夺他的领地，他造反怎么办？"晁错说："削夺他的领地，他要造反；不削夺他的领地，他也要造反。削他的领地，他早一点造反，危害小一些；不削他的领地，他晚一点造反，准备得更充分，危害就更大了。"汉景帝认为晁错说得有道理，就采取了削弱王国的措施。

原来，刘启做太子时，刘濞的儿子曾来京城，和刘启下棋时两人发生争执，被刘启用棋盘打死了。

汉景帝先放过吴国，而从其他几个王国下手。他先把楚国的一个郡、赵国的一个郡和胶西国的六个县削减下来，划归朝廷直接管辖。

刘濞见汉景帝已经削了三个王国，下一个要轮到他，便决定起兵了。

刘濞联合楚王、胶西王、赵王、济南王、菑川王、胶东王一起出兵，于汉景帝前元三年（前154年）发动了叛乱，这就是

历史上有名的"七国之乱"。

七国起兵的名义是"清君侧",就是要求杀掉汉景帝身边主张削藩的晁错。其实,这是借口,实际上是刘濞纠集割据势力,要夺取汉景帝的皇位。

汉景帝接到密报后,想起了父皇临终前的叮嘱:"周亚夫十分可靠,将来如果国家有难,可以让他掌兵,不要迟疑。"于是,便任命周亚夫为太尉,让他前去平叛,对付吴王和楚王。此外,还有窦婴等分头率军出战:大将军窦婴屯兵荥阳,监视战局;郦寄率军进攻赵国,对付赵王;栾布率军进攻齐国,对付胶西王、济南王、菑川王、胶东王。

同时,汉景帝不愿意事态扩大,把晁错杀了,想借以缓和七国的敌对情绪。

汉景帝虽然杀了晁错,可七国仍然没有退兵,继续向长安进军。

周亚夫是周勃的儿子,善于用兵。他接受平叛的任务后,对汉景帝说:"楚军

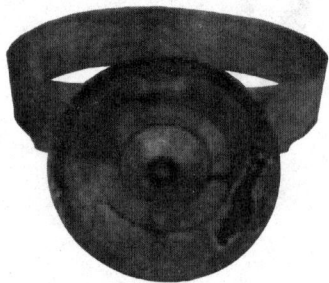

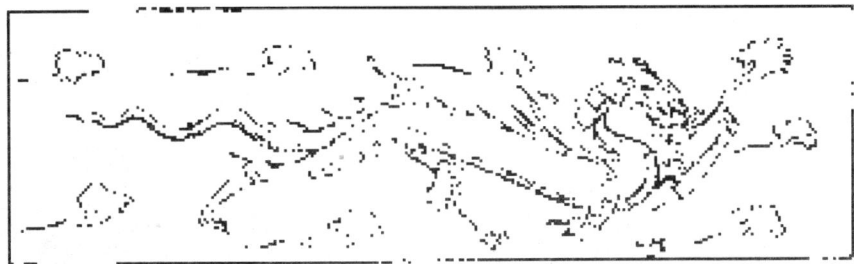

剽悍，跟他们正面作战很难取胜，应当断绝他们的粮道，相机行事。还有，请陛下准许臣先把梁国丢下不管，好牵制他们的力量，再断其退路，才能取胜。"汉景帝批准了周亚夫的作战计划，周亚夫领兵出发了。

大军到了霸上，有个叫赵涉的人拦住周亚夫的马车献计说："吴王占据的地方很富饶。他招兵买马，早就想造反了。这次太尉出兵征讨，他一定会在半路上选山势险峻之处设伏，袭击官军。因此，请太尉千万不要从近道走，要奔蓝田，出武关，再绕向洛阳。这条路虽说远一些，要多花一两天时间，但走这条路会出乎吴王意料之外，他们一定不会防备。等太尉突然出现在他们面前时,他们定会大吃一惊,以为你是从天而降。"周亚夫接受了赵涉的建议,大队人马从南路直奔洛阳。

赵涉的建议果然起到了出奇制胜的作用,周亚夫率领的大军很快截住了吴楚联军。周亚夫还派出一支军队切断了叛军的粮道和归路。

叛军猛攻梁国,梁国向周亚夫求救,周亚夫拒不出兵。梁国又向汉景帝哀求,汉景帝便命令周亚夫援救梁国。周亚夫说:"将在外,君命有所不受。"拒不奉诏。

吴楚联军进攻周亚夫,周亚夫深沟高垒,坚守不战。

一个月后,形势转为对叛军不利了。吴王想要西进,有梁国誓死守城,挡住了去路;想要和周亚夫决战,周亚夫就是不出战。归路已无,粮道又断,士兵饿得纷纷逃窜。最后,楚王刘成自杀,吴王刘濞

带了几千人冲出重围，逃到长江南岸的丹徒。他想去联合东瓯兵，卷土重来。周亚夫早已悬赏千金购买他的人头，东瓯人不但不帮他，反而乘机杀了他，把他的头献给了周亚夫。

至此，这场七国之乱，仅三个月就平息了。

汉景帝对吴王的胁从一概不加追究，甚至还要为吴王立嗣。母亲窦太后说："吴王是刘家的前辈，本应率领宗室支持朝廷，但他却带头造反，你还为他立什么嗣？"汉景帝听了，这才作罢。

汉景帝后元三年（前141年），汉景帝死于未央宫，在位十六年，终年48岁。汉景帝有十四个儿子，太子刘彻即位，史称汉武帝。

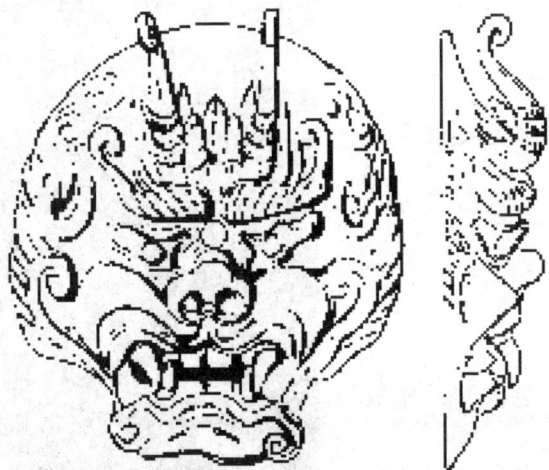

七国之乱对汉朝皇帝虽说有惊无险，但对国家也是一次重创。有鉴于此，汉武帝决定抓人心，抓思想，这才有了罢黜百家，独尊儒术。汉武帝认为只要儒家思想深入人心，就不会有人造反了。

罢黜百家，独尊儒术

汉武帝从小喜爱读书，胸怀大志。即位后，他年少气盛，要做一番震古烁今的大事业。

刚一即位，汉武帝就下了一道诏书，命令丞相、御史、列侯、郡守、诸侯相等举荐人才。他知道众擎易举，要想治理好国家，光靠他一个人是不行的。

不久，一些人才被推荐上来了，其中有广川人董仲舒，菑川人公孙弘，会稽人严助。全国各地的有名学者都进京了，约有一百多人。

汉武帝亲自主考，让每人写一篇文章，谈谈自己的治国方略。

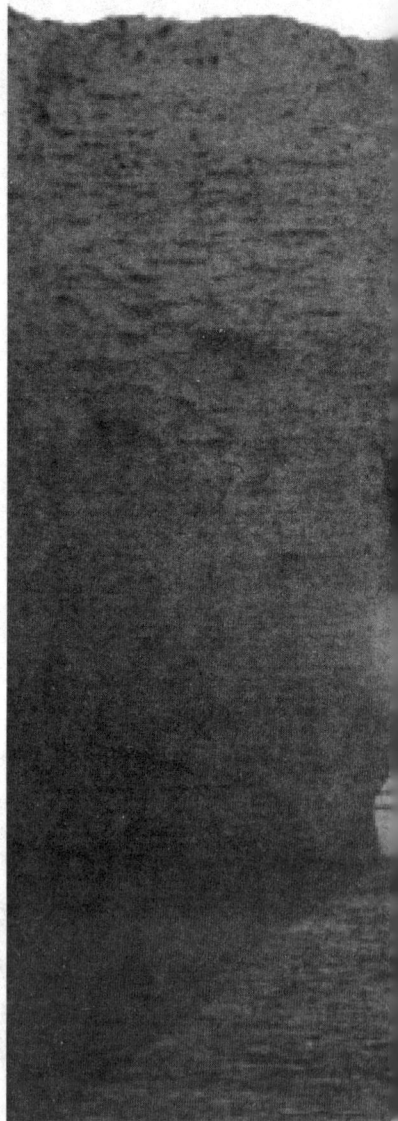

卷子交上来后，汉武帝亲自审阅，一边看一边摇头。当看到董仲舒的文章时，汉武帝不禁拍案叫好，叹为奇文。

董仲舒生于汉高祖十年（前197年）。他从少年时代起就钻研《春秋·公羊传》。为了专心致志地学习，他谢绝了一切客人，用帷幕将书房围起来，一个人坐在里面日夜读书，冥思苦想。他时而坐下来高声朗读，时而低头在书房中漫步，偶有心得便秉笔疾书。

董仲舒整整三年足不出户，外面的春花秋实，夏雨冬雪，他未看一眼。

通过这样的刻苦钻研，董仲舒学问大进，终于建立了自己的完整的理论体系，成了精通儒家学说的大学问家。

董仲舒认为，朝廷对匈奴的进攻一味退让，各王国坐大，多次谋反，都是诸子百家的学说在作怪。这些学说不是提倡无为，就是提倡无君无父。为此，必须提倡儒家学说，忠君爱国，奋发有为；宣传大一统的思想，巩固皇帝中央集权的地位。

董仲舒根据自己的理解和当时政治上的需要，改造了由孔子创立经过孟子发展的儒家学说，并且把孔、孟等大儒的学说和阴阳五行等思想融合在一起，使儒家学说变成了一种为封建政治制度服务的、带有宗教色彩的理论。

董仲舒还向汉武帝提出了"天人三策"。他说："天是有意志的，人世间的事物是按照天的意志存在和变化的。皇帝是天的代表，皇帝的权力是天授予的，百姓服从皇帝，就是服从天，就是服从天道。在天道之下，君臣、父子、夫妻、兄弟之间，都必须严格遵守上下尊卑的礼节，绝对不许违反这种礼节。诸子百家的学说妨碍皇帝的绝对权威，只有儒家学说才能保持思想上的统一。因此，儒家以外的诸子百家学说都应当禁止传播，只许把儒家的经书《诗》、《书》、《易》、

《礼》、《春秋》等传授给读书人，诸子百家的著作一律不许作为教学的内容。"

汉景帝平定七国之乱后，全国实行了政治上的统一。汉武帝为了巩固统治，进一步实现了学术思想上的统一。他接受董仲舒的建议，罢黜百家，独尊儒术，结束了战国以来百家争鸣的局面。

因此，汉武帝认为董仲舒的建议有利于他的统治，就下令在政府里设置了专门传授儒家学说的五经博士，在五经博士下面配置了五十名弟子员。这些弟子员在五经博士的指导下攻读儒家经书，规定每年进行一次考试，五经中能学通一经的就可以做官，成绩优良的还可以做大官。

后来，博士弟子员的人数不断增加，最多的时候曾增加到三千人。这样一来，学习儒家学说成了做官的主要途径，其他诸子百家的学说逐渐被排斥了。

依靠儒家学说做官的人，按照董仲

舒的理论帮助汉武帝治理天下,并且用儒家学说来教育子孙后代。

从董仲舒起,中央集权的思想成了正统思想,儒家学说统治了整个思想领域。

罢黜百家,独尊儒术适合于当时的中国国情,既安定了国家,也给汉族的发展提供了一个前所未有的好环境。

开疆拓土

汉武帝是个好大喜功的人。他不甘寂寞,总是不断进取,要做一个大有作为的好皇帝。

秦末,百越形成了三个国家:南越、东瓯和闽越。其中闽越最强,有兵数十万。汉朝建立后,闽越根本不把汉朝放在眼里,不肯进贡,还经常出兵骚扰汉朝的边境。

七国之乱暴发后,吴王刘濞逃到东

瓯，被东瓯人杀了。他的儿子刘驹逃到闽越，要为报父仇，多次劝闽越王骓郢攻打东瓯。

汉武帝建元三年（前138年），闽越王派兵攻打东瓯。东瓯王抵挡不住，派人到长安向汉武帝求救。

这时，武安侯田蚡说："越人互相攻打，习以为常。他们反复多变，无法治理，因此秦朝放弃了越人的地方。现在，我们不要前去救援。"

中大夫庄助反对说："秦朝放弃了，我们却不能放弃！秦朝连咸阳都放弃了，何况东瓯了。现在小国有难，向我们求救，如果我们不救，老百姓怎么办？我们能对得起他们吗？"

汉武帝听了庄助的话，深觉有理，便派庄助持节到会稽，调会稽军队从海上前去救援东瓯。

闽越王闻讯，连忙撤兵了。

东瓯王怕闽越王再来攻打，向汉武

帝请求内迁，汉武帝一口答应了。

不久，汉武帝派人将东瓯四五万人全部迁到江淮地区。

汉武帝建元六年（前135年），闽越王发兵攻打南越。南越王想："我们南越和闽越同是汉朝属国，不应互相攻打。如今虽然闽越来攻，但我却不能自作主张，随便开战，应该先请示朝廷，再作处置。"于是，他派使者向汉武帝报告了军情。

汉武帝得报，盛赞南越王深明大义，立即派大行令王恢和大农令韩安国分别从豫章和会稽出兵攻打闽越。

闽越王见状，忙派兵抵抗汉军。他的弟弟余善和国相、宗室大臣商量说："汉朝大兵压境，即使我们打胜了，汉朝地广人多，一定会再派兵来把我国灭了。因此，我们不如杀了大王向武帝谢罪。如果武帝罢兵，我们国家就保住了；如果武帝继续打我们，我们就逃到海里去。"大家听了，一致同意。于是，他们杀了闽越王，

将首级送到王恢处。

汉武帝闻讯，下令撤兵，立越王勾践的后人无诸的孙子繇君丑为越繇王。

这时，余善恃功不服，与越繇王对峙起来。越繇王只好向汉廷求救，汉武帝便立余善为东越王，与越繇王分地而治，让他们友好相处。

接着，汉武帝派庄助出使南越，慰问南越王赵胡。越胡十分感激，派太子婴齐到长安侍奉武帝。

婴齐在长安娶摎氏女为妻，夫妻恩爱。

后来，婴齐回国即位后，立摎氏为王后。摎氏生子赵兴，即位后，封母亲摎氏为太后。

这位太后想让南越归属汉朝，宰相吕嘉极力反对，竟然杀了南越王和太后。

汉武帝闻讯大怒，出兵灭了南越。

汉武帝元鼎六年（前111年），汉军进攻南越时，东越王余善支持吕嘉，进攻汉军，还刻了玉玺准备称帝。

汉武帝听说后，心中大怒，派出五路大军前去讨伐。大军压境，东越发生内讧，部将杀了余善，向汉军投降。汉武帝考虑到东越民风强悍，地势险要，容易发生叛乱，便把东越人也迁到了江淮地区。

从此，独立的南方和东南方都归入中国的版图了。

秦汉之际，匈奴成了北方严重的边患，猛如暴风骤雨的匈奴骑兵常常南下烧杀淫掠。汉初，经过多年战乱，经济凋敝，国家无力反击匈奴，只得采用和亲下策，将公主嫁给单于。主张和亲的人说："和亲之后，女婿怎能再打老丈人呢？将来公主生的儿子做了单于，外孙又怎能打外公呢？"和亲的办法确实起到了一定的作用，但匈奴骑兵的入侵仍时有发生。

汉武帝建元六年（前135年），匈奴单于又派人前来申请和亲。汉武帝召集

百官商议。百官中有的主张和亲，有的主战，双方辩论得十分激烈。大臣王恢说："每次和亲之后，过不了几年，匈奴就又兴兵入侵了。依臣之见，不如反击匈奴，不要和亲。"大臣韩安国说："匈奴迁徙不定，难以制伏。我军数千里求战，人困马乏；匈奴以逸待劳，我军必危。因此，不如和亲为上。"群臣大多附和韩安国。

最后，主和派占了上风。于是，汉武帝便在民间选了一个美女，装扮成公主，嫁给匈奴单于了。

第二年，马邑富豪聂壹通过王恢对汉武帝说："去年刚和亲，匈奴一定相信我们。我们可以引诱他们深入汉境，一举歼灭他们。"汉武帝一听，正合心意，立即准奏了。

聂壹将一个被判死刑的人斩首，将首级挂在城头，说这是他砍下的马邑县令的人头。

布置已毕，聂壹出塞去见单于，让单

于率兵前来，攻占马邑。单于一听，心中大喜，立即倾国而来。

这时，汉武帝命韩安国为护军将军，李广、公孙贺、王恢、李息等人为将军，在马邑附近埋伏下三十万大军，要一举歼灭匈奴。

单于为了夺取财物，亲率十万大军直趋马邑。

当进入距马邑百余里的地方时，单于忽然发现原野之上只有牛羊，却没有牧人。他心中大疑，忙攻下汉军一座城堡，捉获雁门尉史细审，终于从俘虏口中知道了汉军之计，于是立即退军而去。

汉军见状，齐出追击。追之不及，只得退军。从此，汉匈关系破裂了。

这样，武帝便不用再举行廷议，可以按照自己的意愿对匈奴用兵了。

汉武帝派大将卫青和霍去病发动了数次反侵略战争，赶走了匈奴，保障了黄河流域广大地区的安定，促进了经济的

发展。

为了防止匈奴卷土重来，汉武帝又派张骞出使西域，让西域各国脱离匈奴，归附汉朝。这样，等于斩断了匈奴的右臂。

为了开疆拓土，汉武帝还解决了西南夷的问题。

西南夷邻近蜀郡，物产丰富。汉武帝建元六年（前130年），汉武帝派唐蒙出使夜郎，带着一千多士兵和一万人组成的运货队伍。

夜郎王见了唐蒙，问道："你们汉朝和我们夜郎相比，究竟谁大啊？"原来，西南夷在蜀郡之南，和汉朝从无来往，因此不了解汉朝。经唐蒙介绍，他们才知道汉朝这个泱泱大国。

夜郎和附近的小国都接受了汉朝使者的礼物，相约归附汉朝了。于是，汉朝在那里设置了犍为郡，派官员管理他们。

元鼎六年（前111年），西南夷的且兰君杀了汉使和犍为太守，率众造反。汉武

帝派中郎将郭昌、卫广率军前去镇压，杀了且兰君、邛君和筰君，平了西南夷，在那儿设置了牂柯郡。夜郎旧王朝汉，被封为夜郎王。西夷冉、駹两部震恐，请求内附。于是，汉武帝以邛都为越巂郡，筰都为沈黎郡，冉、駹为汶山郡。

滇王依仗强大的兵马和归附他的部族拒绝服从汉朝命令，并杀了汉使。汉武帝元封二年（前109年），汉武帝派兵征讨，滇王降汉，愿意置官入朝。于是，汉武帝在那里设置益州郡，并赐给滇王大印，让他仍旧管理当地百姓和附近的部落。

汉武帝北击匈奴，南平百越，开发西域，征服西南夷，将中国的版图大大地扩大，相当于秦始皇时中国版图的两倍。

在大一统思想的指导下，汉武帝创设了刺史制度，把全国分为十三州，增强了汉族的凝聚力。汉武帝接受桑弘羊的建议，颁行均输法、平准法，以京师为中心，建立了全国范围的商业网，商品流通大大

发展，增强了汉族的联系。汉武帝接受董仲舒"罢黜百家，独尊儒术"的建议，使儒学发展成经学，取得了统治地位，使儒学成了正在形成的汉族的共同思想基础。从此，汉族以世界上人口最多的一个民族跻于世界民族之林，屹立在世界的东方。

刘向校书

汉昭帝元凤四年（前77年），刘向生于沛县。刘向与汉昭帝同宗，是刘邦弟弟楚元王刘交的四世孙。

刘向家中极其富有，藏书甚多，有良好的学习环境。刘向从小热爱学习，嗜书如命，整天泡在书房里，打下了雄厚的文史基础。

刘向的父亲刘德在朝中担任宗正，负责管理宗族的事。作为汉宣帝的十一大功臣，刘德的画像被悬于未央宫中的麒麟阁内。刘向12岁时，被父亲保到朝中做了一名小小的辇郎。因他学品兼优，对政事很有见地，20岁时被汉宣帝提拔为谏大夫。

汉宣帝有汉武帝的遗风，十分爱好文学。他即位后，也仿照汉武帝招选名儒文士进宫，让他们献辞献赋，重振文坛。刘向文辞华赡，笔下生花，也在招选之列。他曾献《清雨华山赋》、《九叹》等名篇，因辞丽句奇而名噪一时。

汉宣帝受汉武帝的影响，也喜欢神仙方术。刘向的父亲刘德在审理淮南王谋反一案时，曾得到淮南王宾客所撰的枕中《鸿宝》、《苑秘书》。书中所写的都是神仙故事和炼金之术。刘向整天在皇帝身边，见皇帝有这种爱好，便将这本书献给了汉宣帝。汉宣帝命令工匠按书中所述炼金，花费甚巨，但一事无成。这时，嫉妒刘向的人落井下石，趁机上书参劾他。刘向以欺君之罪入狱，依法当死。他的哥哥阳城侯听说后，立即献出封地的一半为

刘向赎罪。刘向幸免一死，被赦放归。

不久，刘向奉旨到五经博士那里学习《谷梁春秋》。

甘露三年（前51年），汉宣帝命令全国大儒集中到长安，在未央宫北面的皇家藏书处石渠阁讲论儒家五经——《诗》、《书》、《易》、《礼》、《春秋》各种传本的优劣异同。刘向也有幸参加了这次具有历史意义的学术活动。刘向在辩论中获胜，因而官拜郎中，又升任谏大夫。

汉元帝时，宦官石显当权，迫害忠良。刘向见太傅萧望之迭遭诬陷，心中愤愤不平，便想上书相救。但小人得势，君子遭殃，刘向怕报复，只得用别人的名字上书说："为大汉计，必须黜退石显，起用萧望之。"书呈上去之后，早落在石显手中。他和同党一看文笔，便知是刘向所写，便向汉元帝奏道："陛下，这个上书人必须究治。"汉元帝准奏。他们找到上书人，上书人经不住威吓，只得供出刘向。

结果，刘向被贬为庶人。

汉成帝即位后，刘向又回到朝廷。

汉成帝一朝，外有外戚王氏专权，内有赵飞燕等人争宠。刘向认为治国应从内部开始，便写了一部《列女传》。这部书里所写的既有可为楷模的贤后、贞妇，也有祸国殃民的女宠。分门别类，写了一百一十名妇女的言行。

汉成帝见刘向才高八斗，学富五车，便于河平三年（前26年）下诏命刘向进石渠阁负责整理从全国各地搜集来的书籍。刘向专管校经传、诸子、诗赋，步兵校尉任宏专管校兵书，太史令尹咸专管校数术，侍医李柱国专管校方技，由刘向负总责。

这些从全国各地搜集来的书籍，有不少是经过辗转传抄的，因而错误很多。他们在校书时，参照不同的本子互相补充，择善而从，整理出定本，然后誊写出来。这样，就为后人提供了可靠的文献资

料，开了我国校雠学之源。

对于每本整理好的书籍，刘向都写出提要，称为《别录》，供皇帝参考。

最后，刘向将所有藏书分类编出目录，称为《七略》。在《七略》中，将我国为图书分为六艺、诸子、诗赋、兵书、数术、方技六类，每类还分成若干小类。这为我国图书分类奠定了基础。

图书按目录分类后，既便于保存，又便于查找。这真是功在千秋、利在子孙的大好事。这样，刘向就成了我国图书目录学的始祖。

刘向校书，对于传播汉族文化功不可没。

王莽篡汉

汉宣帝死后，太子即位，史称汉元帝。汉元帝皇后王政君生下汉成帝，汉成帝即位后，尊母亲为皇太后，拜大舅王凤为大司马大将军，其他几个舅舅也都封了

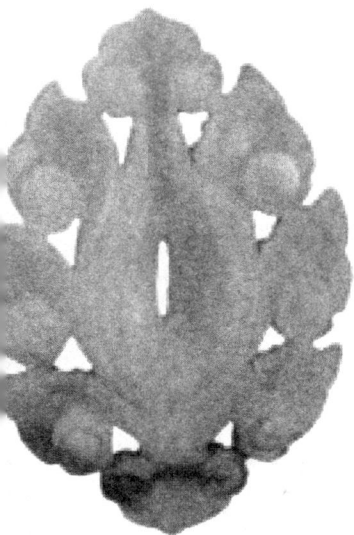

侯。从此，王家掌握了汉家大权。

汉成帝的二舅王曼去世早，王曼的二儿子王莽极有心计，为了爬上权力的顶峰，一面拼命读书，一面讨好叔叔伯伯。王凤病重时，王莽大献殷勤，亲尝汤药，端屎端尿，几个月不洗脸，不脱衣服。王莽尽心服侍王凤，王凤极为感动，死前向太后和汉成帝推荐了王莽。于是，汉成帝任命王莽为黄门郎，接着又提拔他为射声校尉。

后来，由于叔叔王商的推荐，王莽被封为新都侯，做了光禄大夫。

几年后，王莽的叔叔大司马骠骑将军王根年老退休，汉成帝让王莽出任大司马。这样，王莽便掌握了朝中大权。

王莽上任后，为了收买人心，凡是投奔他的人，不论远近，不论出身贵贱，他一概录用，给他们官做。他还从自己的封邑里拿出钱粮赠人，而自己却过着十分俭朴的生活。

有一天，王莽的母亲病了，百官的夫人都登门探望。王莽的夫人出来接待，穿着仅能遮住膝盖的旧衣服，夫人们还以为她是王莽家的女仆呢。

不久，人们争相赞颂王莽，大臣们都在皇帝面前说他的好话，说他舍己为人，克己奉公，勤俭朴素，一心为国。

汉成帝绥和二年（前7年），汉成帝去世了。

汉成帝的侄儿刘欣即位，史称汉哀帝。汉哀帝的祖母傅太后和母亲丁太后的娘家人为了夺权，利用汉哀帝将王莽排挤出朝廷。

王莽在家闲居六年后，汉哀帝也去世了。

王政君立汉哀帝的堂弟做皇帝，史称汉平帝。王政君又让她的侄儿王莽重新担任大司马。从此，尝过下台滋味的王莽开始一步步篡夺汉朝的天下了。

这年，汉平帝只有9岁，名义上由王政

君掌握朝中大权，实际上大权掌握在王莽手里。

王莽担心汉成帝和汉哀帝的外戚再来夺权，便找借口逼迫汉成帝和汉哀帝的皇后自杀了。这时，王莽的叔伯中，只剩下一个最小的叔叔红阳侯王立了。王莽怕王立在王政君面前说他的坏话，使他不能背着王政君为所欲为，便玩弄权术，让王政君将王立赶到封地上去了。

王莽在朝廷上遍插亲信，让自己的心腹都做了大官。王莽想做什么，就授意他的亲信到王政君那儿去奏请。王莽就是用这种办法让王政君封他为安汉公的。

王莽将女儿嫁给汉平帝做皇后，自己成了国丈，地位更显赫了。

泉陵侯刘庆见王莽势大，便来讨好他。刘庆上书王政君说："周成王小的时候，由周公代行皇帝职权。如今皇上年纪也很小，应由安汉公行使皇帝职权。"

王政君把这个建议交给群臣去讨

论，满朝都是王莽的心腹，他们异口同声地说："应当照刘庆所说的办。"于是，王政君让王莽像周公那样行使皇帝职权。

汉平帝一天天长大，渐渐懂事，对王莽的野心又恨又怕。他的母亲卫姬按理应封为皇太后，但王莽怕卫家的人夺权，只封卫姬为中山王后，封平帝的两个舅舅为关内侯，让他们留在封地中山，不许进京。对此，汉平帝难免有怨言。王莽听说后，怕汉平帝将来对他不利，便将他毒死了。

汉平帝死后，王莽让只有2岁的刘婴做了皇帝，史称孺子婴。

没几天，武功人孟通在淘井时淘出一块白石头，上面刻有"告安汉公莽为皇帝"八个大字。这当然是王莽授意干的。

王莽立即叫人将这件事报告王政君，王政君便封王莽为摄政，并把第二年改为居摄元年。

皇族安众侯刘崇对亲信张绍说："王

莽要篡位，刘家的天下危险了。但刘氏皇族中竟没有一个人敢站出来反对他，这是我们刘家的耻辱。我想带头反对王莽，天下人一定会响应的。"

张绍听了，便协助刘崇聚集了百十来人，起兵攻打宛城。由于准备不足，力量太小，很快便失败了。

王莽又指使人对王政君说："应该封摄政为摄皇帝。"王政君照办了。

居摄二年（7年），东郡太守翟义起兵反对王莽，立严乡侯刘信为天子，发表檄文说："王莽鸩杀平帝，摄天子之位，意欲篡汉。如今天子已立，誓与豪杰共行天讨。"檄文传开后，天下震动，翟义大军很快发展到十万人。

王莽闻讯，恐惧万分，忙派七个将军率军前去镇压。

这时，听说有人起兵反对王莽，关中也有人起兵响应了。王莽一面派人镇压，一面加强长安城防。

不久，关里关外的义军都被镇压下去，王莽的贼胆更大了。梓潼有个叫哀章的人，做了一个铜箱，在上面刻了"汉高祖让位于王莽"几个字，然后把铜箱放在汉高祖的庙里。人们看到这个铜箱后，赶紧去告诉王莽。王莽说："既然高祖显灵，让我做皇帝，这是老祖宗的意思，我不能再推辞了。"

始建国元年（9年），王莽建立了朝，做了皇帝。

王莽登基后，假惺惺地对孺子婴哭道："我本想做周公，将来把江山再还给你。但天命难违，不能尽如人意了。"说完，封孺子婴为安定公，以平原等五县百里之地作为封邑。但王莽怕放虎归山，必留后患，因此不让孺子婴到封地去，将大鸿胪府改为安定公府，将他软禁在里面。

这年，孺子婴才5岁，什么也不懂，见王莽哭了，他也哭了。然后，乳母抱着他到

安定公府去了。

王莽把孺子婴软禁在安定公府，仍然不放心，怕将来有人利用他做号召再来夺天下。于是，王莽吩咐安定公府内任何人，包括乳母、男佣、女仆，都不许和安定公说话。

孺子婴在安定公府一关就是十五年。因为不许和人接触，所以他成了一个呆头呆脑的人，什么也不懂。

王莽地皇四年（23年），农民起义军拥立的更始皇帝刘玄的军队攻入长安，杀了王莽，孺子婴这才解放了。

更始皇帝接见孺子婴，见他是个白痴，一问三不知，连五谷牛羊都分不清，便没有杀他。

这时，平陵人方望认为更始必败，孺子婴身为汉平帝的太子，应该君临天下，便起兵将孺子婴劫到临泾，立他为皇帝。

孺子婴糊里糊涂当了皇帝，也不知道

是喜是忧，反正什么事也不用他管，任人摆布。

更始皇帝闻讯，这才后悔当初没有杀掉孺子婴，又多了一个人来和他争江山。于是，立即派丞相李松率军攻打方望。不久，方望兵败，孺子婴被杀了。

三、从刘秀中兴到东汉灭亡

刘秀中兴

刘秀生于春陵，是汉景帝的七世孙。

刘秀字文叔，身长七尺三寸，眉清目秀，长髯，大嘴，高鼻梁。

刘秀9岁丧父，寄居在叔父刘良家，长大后喜欢耕田种地。

刘秀的哥哥刘演胸怀大志，喜欢结交朋友，为人豪爽。刘演常常嘲笑刘秀说："你一天就知道种地，不想做大事了吗？真和高祖的二哥一样啊。"

原来，刘邦的二哥喜欢种地，刘邦曾讥笑他种地的收获不如刘邦大，因为刘邦的收获是夺得了天下。

刘秀见哥哥嘲笑他，便抛弃农业，到洛阳求学去了。他在洛阳拜中大夫许子威为师，学习《尚书》。王莽篡位后，刘秀又回到了春陵。

王莽做皇帝后，进行了一系列的改革。

百姓的土地被剥夺了，仅有的一点积蓄也被搜光了，吃不上，穿不上，饿死无数，再也无法活下去，只得造反。

王莽天凤五年（18年），樊崇在山东领导饥民起义，很快发展到十几万人，王莽连忙派官军前去镇压。起义军在作战前都把眼眉染成红色作为标记，因此人们称这支义军为赤眉军。

几乎与此同时，湖北新市人王匡、王

凤也率领饥民起义了。他们以绿林山为根据地，号称绿林军，绿林军很快发展到五万人。

起义军不断发展壮大，一些封建地主也率领地主武装参加了反对王莽的义军。其中著名的有刘玄、刘秀等人。不久，刘玄被义军立为皇帝，号称更始帝。

王莽见全国都反了，忙派大将王邑、王寻率领四十二万军队，号称百万，杀向义军。于是，历史上著名的昆阳之战开始了。

昆阳附近的义军见官军像潮水般涌来，只得退进昆阳城中暂避其锋。这时，义军的一些将领认为敌众我寡，难以守城，不如分散开来各自为战。刘秀不同意这样做，他说："我们人少，如果集中力量打击官军的一路，还是有胜利的可能的。如果分散开来，必然被各个击破。因此，我们必须同心协力守住昆阳，打败官军。"义军将领们听了这话，恍然大悟，统

一了观点。

这时，昆阳城里只有八九千义军。义军领袖王凤、王常和刘秀商量，决定由王凤、王常负责守城，派刘秀等十三人趁黑夜骑快马冲出南门，到附近去组织援军。

官军来到昆阳城下，敌将严尤认为不宜攻打昆阳。他建议说："昆阳虽然城小，但十分坚固，不易攻破。擒贼先擒王，贼首刘玄在宛城一带，我们应该先去攻打他。把他打败了，昆阳不攻自破。"王邑不听他的，一定要打昆阳。四十二万大军将昆阳围了几十层，旌旗蔽野，尘土遮天，战鼓声传几十里。官军把云车、撞车和楼车都用上了，还挖掘地道，想从地下攻进城去。官军的箭像雨一样射进城中，城里汲水的人要顶着门板才敢出去。

义军在城上堆满了滚木礌石，像冰雹一样砸向官军。义军日夜苦战，坚守了一个多月，刘秀终于率领援军赶来了。

王邑、王寻见刘秀只带来几千名援军，不由得哈哈大笑道："这不是以卵击石吗？"

刘秀一马当先冲向敌阵，士兵见了，一个个像猛虎一样跟了上去。官军没想到刘秀攻势这样猛，退了好几里才稳住阵脚。这一仗，刘秀消灭官军一千多人。一连几天，刘秀猛打猛冲，每天都消灭许多官军。

这时，宛城已被义军攻下，刘秀还不知道这个消息。但为了瓦解敌人军心，刘秀让人装成从宛城来的报信人，信中说宛城已被义军攻下，大军马上要来支援昆阳了。刘秀让送信人故意把信丢在路上，让官军拾去。王邑、王寻见到这封信后，十分沮丧，失去了攻城的信心。城里的义军听到城外喊杀声，又见官军阵脚已乱，便知道刘秀的援军到了。他们信心倍增，准备看好时机里应外合消灭敌人。

刘秀侦察到官军的指挥中心在昆阳

城西河滨一带，便率三千人组成的敢死队直捣过去。官军将士从睡梦中惊醒，乱作一团。王寻被杀，其他人只顾逃命而去。

这时，王凤率军从城中杀出，里应外合打败了敌人。官军争着逃命，自相践踏，死了不少人。逃出一百里后，因争着渡河，又淹死了好几万人。

王邑逃回洛阳后，四十二万人只剩下几千人了。

在这次昆阳大战中，义军总人数只有一万多人，却打败了四十二万官军。

昆阳大捷后，义军一鼓作气，攻下长安，杀了王莽。王莽做了十五年皇帝，给人们带来的只是天下大乱，生灵涂炭。

愤怒的军民冲入皇宫，将王莽碎尸万段，将头砍下来送往宛城，刘玄命人将王莽的头挂起来示众。

百姓痛恨王莽，纷纷用石子击他的头。有人将他的舌头割下来切成数块。

后来，刘秀恢复汉朝统治，做了皇帝。因他建都洛阳，洛阳在长安之东，所以历史上称他建立的汉朝为东汉。

刘秀接连降诏，鼓励百姓生产，兴修水利，发展农业，轻徭薄赋，减轻人民负担，让刚从战乱中走出来的人过上温饱的日子。

刘秀统一中国，让汉族百姓过上了安定的日子，让汉族继续走上发展的道路。

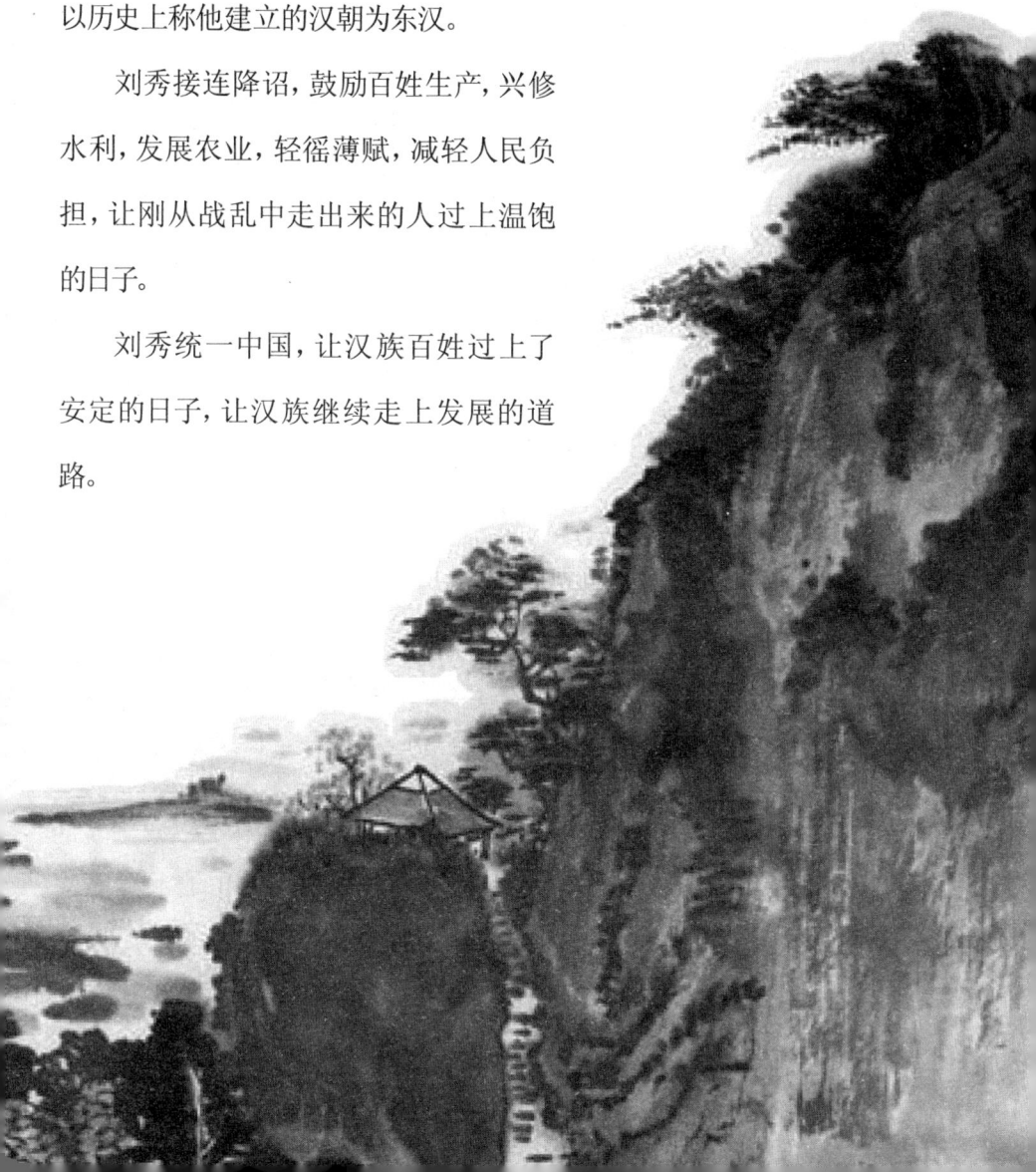

佛教传入中国

有一天夜里，汉明帝做了一个梦。

在梦中，汉明帝看见一个金人，头顶上闪着白光在宫中走着。汉明帝问道："你是谁呀？从哪儿来的？"那人没有回答，突然凌空而起，向西而去。

汉明帝吃了一惊，吓醒了。只见寝宫里的巨形蜡烛一闪一闪的，上面有一圈白光，很像梦中的金人。

汉明帝对着蜡烛出了一会儿神，又进入梦乡了。

第二天早晨，汉明帝上朝，将梦中所见讲给群臣听，然后问道："你们可知这金人是谁吗？不知此梦是吉是凶。"群臣

听了，都答不上来，只有博士傅毅出班奏道："陛下，臣听说西方有神，人们称之为佛。金人既然向西方去了，可能就是佛吧？当年，霍去病攻打匈奴时，曾把匈奴休屠王供奉的金人带回来献给武帝，武帝把金人供奉在甘泉宫里。据说，这金人是从天竺传到匈奴的。后来屡经战乱，武帝供奉的金人早已不知去向。陛下梦到的金人肯定就是佛，佛还有佛经。"

所谓金人，即金制的佛像。汉明帝听了这些，觉得很好奇，心想既然武帝供过金佛，便命郎中蔡愔和博士秦景到天竺去求取金佛和佛经。

天竺也叫身毒，是佛教创始人释迦牟尼的降生地。释迦牟尼降生那年，正是周灵王十五年（前557年）。释迦牟尼原是太子，从小安享富贵，也娶了妻子。因他同情百姓，所以常常微服私访。在私访中，他看到老人和病人太苦了，尤其是人死时更是苦不堪言。他想："这一切都是由生引起的，如果没有生，怎会有病、老和死呢？因此，人生的苦就是'生老病死'。"

为了让人摆脱生老病死之苦，释迦牟尼抛弃太子之位，离开王宫，到深山里去冥思苦想，决心琢磨出摆脱生老病死之苦的办法。

经过十六年的研究，释迦牟尼形成了自己的学说，这就是佛教。

佛教认为一切行为有因必有果，行善作恶都有报应。一切生物，从人到昆虫，都有佛性，只要行善，就能立地成佛。

佛教劝人行善，因而受到广大人民的喜爱，信教的人越来越多了。

佛教在传入中国之前，已经传进了匈奴。

蔡愔和秦景到天竺后，用一匹白马驮回一幅佛像和四十二章佛经，还带回来两位高僧——摄摩腾和竺法兰。

汉明帝热情地接待了两位高僧，让他们住在专门接待外国使臣的鸿胪寺里。

后来，汉明帝将鸿胪寺改为白马寺，让两位高僧做了住持。因驮经的白马养在寺中，故称"白马寺"。

两位高僧在白马寺中将四十二章佛经译成中文。这样，佛教便传到中国了。

佛教传入中国之后，"种瓜得瓜，种豆得豆"的因果观深入人心，给各阶层的人都带来了新的希望。佛教宣传生死轮回，提示善有善报，恶有恶报，一切行为均由

个人负责，善报属于自己，恶报也属于自己，今生不报，来生必报。这极大地鼓励人们做好事，不去为非作歹，不去行凶作恶。因此，佛教对于千百年来民心向善、社会安定方面影响深远，在汉族精神思想上所起的作用是无法估计的。

蔡伦造纸

蔡伦字敬仲，湖南桂阳人。他生于汉光武帝晚年，汉明帝时入宫做了小太监。

建初元年（76年），汉章帝即位，见他性子刚烈，好学不倦，为人正派，不苟言

笑，便让他专门侍奉宠妃钱贵人。

钱贵人见蔡伦面如冠玉，唇红齿白，像个文质彬彬的书生，心里十分喜欢他。

但蔡伦天性孤傲，不善逢迎，特别是侍候后宫嫔妃更不是他的志向。因此，他整日郁郁寡欢，十分苦恼。

蔡伦最喜爱的事是读书，一有空就往秘书监杨太史那里跑。杨太史名堪，继承父亲做了太史令，经常在秘书监整理文史。他是一个饱学之士，见蔡伦好学上进，极为赞赏。

杨太史那儿有好多书，书使蔡伦暂时忘记了烦恼。

有一天，钱贵人对汉章帝说："陛下，蔡伦对文史极感兴趣，整天捧着书看，简直成了书呆子。他一有空就往秘书监那儿跑，一见了杨太史就精神百倍，不如让他到秘书监去吧。"汉章帝对蔡伦印象极好，知道他刚正好学，便让他到秘书监去了。

蔡伦到了秘书监，杨太史将蔡伦视如己出，爱护备至。蔡伦见杨太史为人忠厚，便把他当父亲一样孝敬。他见杨太史整天用刀笔在竹简上刻字，十分辛苦，不禁深表同情。他想："听说武帝时有人发明了纸，如果用纸书写，那该多省力啊。"一天，他问杨太史："听说过去有人发明过纸，为什么不用纸写字呢？"杨太史说："纸在西汉时就出现了，因是用麻做的，故称麻纸，但它脆而粗糙，不适宜写字，

只能用来包东西。"蔡伦听了，若有所思地说："啊，原来是这样。"

汉和帝永元八年（96年），在杨太史的举荐下，蔡伦被提拔为尚方令，专门负责管理宫中刀剑等器物的制造。由于蔡伦忠于职守，刻苦钻研技术，他负责监制的兵器质量特别好，受到广泛的赞扬。

有一天，蔡伦经过御花园，偶然发现一棵桑树上树浆风干之后形成的薄膜。蔡伦轻轻地用手去撕薄膜，居然将薄膜揭下来了。蔡伦忽有所感："何不用树浆形成的薄膜代替竹简呢？它一定比麻纸好用。"想到这里，蔡伦心中不禁一阵狂喜。

因蔡伦担任尚方令，手下聚集了许多能工巧匠，可以说是人才济济。于是，他在这些人的基础上又找了许多造纸方面的人才，大家集思广益，在前人造纸的基础上进行改进。

他们收集了许多破麻布头、麻织破

鱼网、椿树皮、桑树皮、檀树皮、竹子、麦秸、稻草等，把它们放在一起切碎后，放在草木灰水和石灰水混合而成的碱性溶液里泡得发臭发软，再用这种纸浆造纸。用这种方法造出来的纸体轻质薄，非常适于写字。

蔡伦将新造出来的纸献给皇帝，受到了皇帝的称赞。蔡伦对汉和帝说："请皇上给这种书写用品赐个名字吧。"

原来，过去竹简和丝织品都可以制造书籍，人们称用来制造书籍的丝织品为纸。从"纸"字的偏旁就可以知道它是一种丝织品。

现在，蔡伦请汉和帝赐名，汉和帝说："蔡公公造出来的书写用品又薄又白，和过去做书用的丝织品——纸极其相似，干脆就叫纸吧。"于是，纸有了新的含义，并渐渐得到了推广。

汉和帝死后，邓太后临朝听政，封蔡伦为龙亭侯，因此人们称他造的纸为"蔡

侯纸"。

从此，人们使用龟壳、兽骨、竹简、木片做文字载体的日子一去不复返了。

纸是文字的载体，而汉字又是汉族的标志，蔡伦让汉字通过他造的纸传得更广更远，传遍了天下。

虞诩保疆

虞诩从小热爱学习，无书不读。他生下来不久，父母双亡。懂事后，对祖母极为孝顺，被县里推举为顺孙。"孝子"和"顺孙"都指孝敬老人，对父母而言称

"孝子"，对祖父祖母而言称"顺孙"。

陈国的国相听说后，聘他出来做官。他推辞说："我祖母90岁了，离开我就不能生活。"国相一听，只得作罢。

祖母去世后，虞诩应太尉李修之聘做了郎中。

永初元年（107年），东汉安帝即位不久，朝廷决定撤消西域都护府。

西域都护府是汉朝管理西域的机构。为了接回西域都护府的官兵，朝廷让陇西一带的羌人服兵役，前去西域戍守。

这一支由羌人组成的军队怕到了戍地再也回不来，走到酒泉时，纷纷向家乡逃去。

朝廷得知后，一面命令各地派兵拦截，一面到羌人住地去捉拿。这样，便引起了羌人的骚动。羌人头领利用羌人对汉朝统治者的不满聚众造反，攻破了凉州和并州，占据了甘肃的东南部，不久又扩展到甘肃东北部和陕西北部。

汉安帝派兵前去讨伐，苦战连年，不能取胜。于是，他想放弃凉州。

这时，虞诩对李修说："此计甚为不妥，国家的土地乃是先皇辛苦开疆所得，岂能丢弃？再说，丢掉凉州，国家便不完整了。现在，不能因为暂时困难就把一片国土轻易抛弃。如果抛弃凉州，关中就成为国家的西疆，西汉皇帝的陵寝就将暴露在敌人面前，这怎么能行呢？我们守住凉州，陇西的敌人就有后顾之忧，不敢深

入关中了。凉州百姓为国家守土，抗拒羌人，一旦把他们抛弃，就等于把他们推向敌人了。这样，会增强羌人的力量，羌人的叛乱就更不好平定了。"

李修听了，连声赞道："说得好，说得好！若不是你提醒，几乎把国家大事搞糟了。依你之见，该如何是好呢？"虞诩献计道："皇帝应该让凉州的豪杰和官吏子弟到朝中做官，加强凉州和中央的联系。"李修大喜，依计而行。

后来，虞诩调任河北任怀县令。大将军任尚在陇西平叛中屡次被羌人打败，他听说虞诩是个智多星，特地跑到任怀去见他，向他求教说："官军人数大大超过羌兵，为什么总吃败仗呢？"虞诩回答说："弱的不能打败强的，步行的不能追赶奔跑的。现在，羌人多骑战马，一日能行几百里，来如疾风，去如骤雨，官军步行追赶他们根本赶不上。因此，关中虽有官军二十多万，打了多年仍不能平叛。依

我之见，将军回去后，不如让各郡的士兵复员，条件是每二十人买一匹马交给你，将二十万官军变成一万骑兵。另外，用骑兵追击羌兵时，要前堵后追，这样，羌兵就不能任意横行，陇西很快就会平定的。"

任尚听罢大喜，回去后依计而行。不久，便率骑兵袭击了羌兵的大本营，打了一个大胜仗。

后来，羌人大举进犯甘南武都郡。邓太后听说虞诩有将帅之才，召他进京，在嘉德殿接见他，重加赏赐，提拔他为武都太守。

羌人听说虞诩要到武都郡做太守，忙派几千人在陈仓崤谷截击。虞诩带的军队人数不多，快到陈仓时，听说羌人截击，就驻扎下来，向当地百姓散布说："我们没有军队，不走了。我得向朝廷要军队，等军队来了再走。"负责截击的羌人听说虞诩不走了，就分散到各县抢劫去了。

　　虞诩听说羌人分散了，立即带人出发，日夜前进，一天就走了二百来里。途中停下来做饭时，命令在每个灶旁多砌一个灶，每天都要增加一倍。

　　羌人发现虞诩带人走了，立即追了上来。追到虞诩所部做饭处，他们总是下马清点灶数。他们发现灶数逐日增加，便不敢追了。原来，他们以为武都郡派兵来接虞诩了。

　　虞诩利用智慧甩开了羌兵，顺利地到达武都郡。

　　不久，羌酋派一万多羌兵攻打武都郡属下的赤亭城。虞诩手下只有三千来个士兵，便带一部分士兵前去守城。

　　羌兵攻城时，虞诩叫使大弓和硬弓的士兵先不要射，只让手持小弓、软弓的人射。羌兵以为守军弓力小，射不远，便都围到城墙下来了。这时，虞诩命令大弓、硬弓一齐射，二十个人射一个人。敌人纷纷中箭倒下，侥幸活命的回身就逃。虞诩乘胜追击，杀了大量敌人。

第二天，虞诩叫士兵排好队伍，打着旗帜从东门出城，从北门进城。进城后，换上旗帜，再从南门出城，从西门进城。羌兵的探子看见后，回去报告说："汉人的援兵到了！"羌兵大为惊恐，决定撤走。

虞诩在敌人必经之路设下伏兵，将这股敌人一网打尽。

虞诩刚到武都郡时，那里的百姓只有一万多家。虞诩整顿治安，发展生产，招集流民，三年后，武都郡盐米储量增加了十倍，住户增加到四万多家。

虞诩智勇双全，为保卫国家领土完整作出了贡献。

清官羊续

汉灵帝中平三年（186年），江夏驻军在赵慈的率领下发动了兵变，杀了南阳太守，攻下六座县城，烧杀淫掠，无恶不作。

汉灵帝接到战报，忧心如焚，忙召大臣商量对策。大臣纷纷推荐说："庐江太守羊续自幼熟读兵法，用兵如神，屡立战功，又是忠臣之后。陛下可调他去任南阳太守，不愁叛军不灭。"汉灵帝听了，立即拜羊续为南阳太守，让他前去平叛。

羊续到了南阳境上，脱下官服，穿上书生的服装，只带一名书童，步行上任。他没有走捷径，而是先到各县调查一番，了解了各县县令的贪廉，百姓的贫富，民风的淳朴与奸猾，叛军人数的多寡、力量的强弱、军心的向背。等这一切情况了解清楚后，他才到郡衙上任，换上官服。

第二天，羊续发号施令，部署军队，左右的人见他对南阳一带了如指掌，不禁大吃一惊，以为有神明相助。

羊续根据掌握的情况，一举消灭了叛军的主力，毙敌五千人，斩了赵慈。残敌见状，无不丧胆，纷纷到羊续麾下投

降。羊续奏准汉灵帝，赦他们，安排他们回乡务农。百姓闻讯，奔走相告，都拥到闹市歌舞庆贺。

一场蹂躏百姓的大乱平息了，前后只用了几个月的时间。

南阳一带富人很多，有钱花不完，便互相比富，竞相奢侈。平时吃的是山珍海味，穿的是绫罗绸缎，高车骏马，妻妾成群。羊续见了这些酒囊饭袋，心里十分憎恶。这些人一旦犯了罪，羊续一定要严办；如果有什么事向他请托，他决不给办。这些人见羊续不怒而威，执法如山，也就老实多了。

羊续身为太守，穿的是旧衣服，吃的是粗茶淡饭，坐的车子是破车，骑的马是瘦马。他不讲究吃喝穿戴，更不讲究排场，想的是如何把南阳治理好，让百姓过上好日子。

有一天，府丞送给羊续几条鲜鱼，羊续说："快拿回去吧，怎能让你破费呢？"

府丞说："几条鱼能值几个钱，大人留下尝尝鲜吧！"羊续见府丞是个老实人，心又诚，不好意思严拒，只得收下了。

府丞走后，羊续怕他以后再来送鱼，便把那几条鱼挂在院子里任其风干，而没有吃。

过了些天，府丞果然又来送鱼了。羊续指着院子里的干鱼说："不必送了，上次送的鱼还没吃哩！"府丞见状，这才知道他是不收别人一文钱的人，便把鱼拿走了。

这事传开后，无论是官吏还是百姓，都夸羊续是个难得的清官，再也没人给他送东西了。

有一天，羊续的夫人带着儿子来到南阳，一家人团聚，别说多高兴了。

一般人做了郡守，都把家眷接到任上跟着享福。但羊续做官后，家里一直过着两地分居的生活。他在外面做官，妻子在家种地织布，儿子在家读书。羊续两袖

清风，一贫如洗，如果将家眷接到官衙，他是养不起的。因此，他虽然想念妻子和儿子，但也只好把他们留在乡下。

如今，妻子带着儿子千里迢迢找来，怎能不高兴呢？

羊续准备了一顿饭和妻儿共餐，桌上只有三碗粗米饭，外加一碟菜豆和一碗菜汤。吃完后，羊续指着房间对妻子说："你看，我只有一床破被，一件旧袍，一罐盐，几斛麦子，如何养活你们啊？你还是带着儿子回老家吧。"妻子见状，只得

带上儿子含泪回去了。

羊续舍己奉公，政绩卓然，名声远扬。

于是，朝廷决定调羊续进京担任太尉，好给天下郡守做个榜样。

那时，太尉位列三公，相当于丞相，是一人之下，万人之上。做官做到太尉，是求之不得的事。出任三公的人必须向东园献一千万钱，这是汉制，人人都得遵守。东园是汉朝设置的官署，隶属于少府，负责皇陵内所有器物与葬具的供应。向东园献钱时，朝廷派太监前去监督，这个太监称为"左骓"。左骓出京后，一路上收钱收物，往往都发了财。

羊续上任之前，左骓前来监督他献钱。他笑了笑，让人举起单席上的一件絮袍说："你看，这是我的全部家当，哪有钱献啊！"左骓回宫报告汉灵帝，汉灵帝认为他做作，便取消了任命。

羊续是封建社会里少有的清官，为

我们中华民族留下了优良的传统。

黄巾起义

汉灵帝是个昏君，疏远贤臣，信任宦官，只知道吃喝玩乐。渐渐地，国库里的钱不够用了，他为了搜刮钱财，特地在西园开了一个铺子，有钱的人可以公开到这里来买官。他在鸿都门外张贴榜文，标出了各种官的价格。郡太守定价二千万，县令定价四百万；一时付不出钱的可以赊，等上任后加倍付款。这些花钱买官的人，

上任后拼命地搜刮民脂民膏，将百姓推入了苦难的深渊。

朝廷腐败，地主豪强如狼似虎，再加上接二连三的天灾，逼得老百姓活不下去了，只得纷纷起来造反。

巨鹿郡有兄弟三人，老大张角，老二张宝，老三张梁，都挺有本事，以助人为乐。

张角懂得医术，为穷人治病从不收钱，穷人都很尊敬他。

　　张角知道农民受地主豪强的压迫和天灾的折磨，都盼望出现一个太平世界，好过上安乐的日子。于是他创立了一个教门叫太平道，利用宗教把群众组织起来。他还收了一些弟子，跟他一起传教。

　　张角派他的兄弟张宝、张梁和弟子周游各地，一面治病，一面传教，相信太平道的人越来越多了。

　　大约花了十年工夫，太平道传遍了全国，各地的教徒发展到几十万人。

　　当时，地方官认为太平道劝人为善，为人治病，因此谁也没有认真过问。朝廷里有一两个大臣看出苗头，奏请汉灵帝下令禁止太平道。汉灵帝正忙着建造林园，根本不把太平道放在心上。

张角把全国几十万教徒组织起来，分为三十六方，大方一万多人，小方六七千人，每方推举一个首领，由张角统一指挥。

张角和三十六方约定，于"甲子"年（184年）三月初五，在京城和全国同时起义，口号是"苍天已死，黄天当立；岁在甲子，天下大吉"。

"苍天"指东汉王朝，"黄天"指太

平道。

张角暗暗派人用白粉在洛阳的寺庙和各州郡的官府大门写上"甲子"二字，作为起义的暗号。

不料，在离起义还有一个多月的紧要关头，起义军内部的叛徒向朝廷告了密。朝廷立刻在洛阳搜查，将在洛阳做联络工作的太平道领袖马元义逮捕斩首，和太平道有联系的一千多人也惨遭杀害。

形势突变，张角当机立断，决定提前一个月起义。张角自称天公将军，称张宝为地公将军，张梁为人公将军。三十六方的教徒接到张角的命令后，立即同时起义了。起义队伍人人头裹黄巾作为标志，人

称"黄巾军"。

黄巾军攻打郡县，火烧官府，惩办官吏和地主豪强；打开监狱，释放囚犯；没收官家的财物，开仓放粮。

不到十天，全国纷纷响应。义军从四面八方涌向京都洛阳，各郡县的告急文书像雪片一样飞向朝廷。

汉灵帝这才慌了，忙召集大臣商量对策。

汉灵帝拜国舅何进为大将军，同时

派出大批人马，由皇甫嵩、朱儁、卢植率领，分两路前去镇压黄巾军。

黄巾军声势浩大，像黄河决口一样，官军哪里抵抗得了。大将军何进不得不奏请汉灵帝下了一道诏书，吩咐各州郡招兵对付黄巾军。于是，各地的宗室贵族、州郡长官、地主豪强都借着打黄巾军的名义招兵买马，抢夺地盘，扩张势力，拥兵自重，把整个国家搞得四分五裂。

黄巾军坚持了九个月的苦战，终于被东汉朝廷和各地地主豪强的军队血腥镇压下去。在紧张战斗的关键时刻，黄巾军领袖张角不幸病死。张梁、张宝继续带领将士和官军进行殊死搏斗，先后牺牲。

起义虽然失败了，但是化整为零的黄巾军一直坚持战斗了二十年。

东汉王朝的腐朽统治，经过这场暴风骤雨般的大起义，受到了致命的打击，也就奄奄一息了。

汉献帝建安二十五年（220年），东汉政权被曹魏政权取代。